essentials

essentials liefern aktuelles Wissen in konzentrierter Form. Die Essenz dessen, worauf es als „State-of-the-Art" in der gegenwärtigen Fachdiskussion oder in der Praxis ankommt. essentials informieren schnell, unkompliziert und verständlich

- als Einführung in ein aktuelles Thema aus Ihrem Fachgebiet
- als Einstieg in ein für Sie noch unbekanntes Themenfeld
- als Einblick, um zum Thema mitreden zu können.

Die Bücher in elektronischer und gedruckter Form bringen das Expertenwissen von Springer-Fachautoren kompakt zur Darstellung. Sie sind besonders für die Nutzung als eBook auf Tablet-PCs, eBook-Readern und Smartphones geeignet.

essentials: Wissensbausteine aus den Wirtschafts, Sozial- und Geisteswissenschaften, aus Technik und Naturwissenschaften sowie aus Medizin, Psychologie und Gesundheitsberufen. Von renommierten Autoren aller Springer-Verlagsmarken.

Michael Schwalbach

Yoga und Meditation für Führungskräfte

Einführung in die uralte Weisheitslehre Yoga für eine bessere Führungsqualität

Dr. Michael Schwalbach
Frankfurt am Main
Deutschland

Ergänzende Videos finden Sie auf http://link.springer.com/book/10.1007/978-3-658-12709-1 beim jeweiligen Kapitel.

ISSN 2197-6708 ISSN 2197-6716 (electronic)
essentials
ISBN 978-3-658-12708-4 ISBN 978-3-658-12709-1 (eBook)
DOI 10.1007/978-3-658-12709-1

Die Deutsche Nationalbibliothek verzeichnet diese Publikation in der Deutschen Nationalbibliografie; detaillierte bibliografische Daten sind im Internet über http://dnb.d-nb.de abrufbar.

Gedruckt auf säurefreiem und chlorfrei gebleichtem Papier

Springer Fachmedien Wiesbaden ist Teil der Fachverlagsgruppe Springer Science+Business Media
(www.springer.com)

Was Sie in diesem Essential finden können

- Grundzüge eines neuen Führungsverständnisses
- Zwölf Kompetenzen für gute Führung im 21. Jahrhundert
- Wie und warum Yoga zur Entwicklung Ihrer Führungskompetenz beitragen kann
- Handreichungen für Yoga in Ihrer täglichen Führungspraxis

Vorwort

Mehr als 5 Mio. Menschen praktizieren in Deutschland Yoga. Auch die erfolgreiche deutsche Fußballnationalmannschaft hatte in Brasilien einen Yogalehrer im Team hinter dem Team.

Aber Hand aufs Herz: Woran denken Sie, wenn Sie das Wort Yoga lesen? Vielleicht geht es Ihnen so wie vielen Führungskräften, denen ich begegne. Sie sind zwar neugierig, aber Sie sind auch skeptisch und verbinden Yoga mit Esoterik und Religion, Räucherstäbchen und gymnastischen Verrenkungen, die für uns Normalsterbliche nicht durchführbar erscheinen.

In diesem Essential geht es um das, was die uralte Weisheitslehre Yoga jenseits von Esoterik, Religion und körperlicher Artistik zu bieten hat. Und dies besitzt eine hohe Relevanz für die moderne Führungspraxis. Mein Anliegen ist es, Ihren Blick auf Yoga als ganzheitliche und zeitgemäße Methode zur Entwicklung von Führungskompetenz zu schärfen. „Führung ist wie eine Reise der beruflichen und persönlichen Selbstentwicklung", sagt Bernard Fontana, CEO von Holcim, einem der weltgrößten Baustoffproduzenten(Fontana 2014). So gesehen kann Yoga ein sehr hilfreicher Reisebegleiter sein. Eine Yogapraxis, die neben Körperübungen Achtsamkeit und Meditation integriert. Im Yoga geht es darum eigene Erfahrungen zu machen. Deshalb finden Sie einige kleine praktische Übungen für Ihren Führungsalltag. Keine Angst, Sie müssen dazu nicht auf die Matte. Unter den Yogaübenden befinden sich zur Zeit nur wenige Männer. Dabei war ursprünglich eine Geheimmethode, die nur von Mann zu Mann weitergegeben wurde.

Vielleicht regt Sie das Essential an, mehr über Yoga als Weg zur guten Führung zu erfahren. Dann sei auf das Buch „Gute Führung durch Meditation und Führung" hingewiesen, das 2016 ebenfalls in diesem Verlag erscheinen wird.

Michael Schwalbach

Bei der Verfassung des Textes war eine Entscheidung zwischen Gender-Korrektheit und flüssiger Lesbarkeit zu treffen. Dem Text zuliebe habe ich mich auf eine Form beschränkt. Ich beziehe dabei natürlich ausdrücklich Leserinnen, weibliche Führungskräfte, Coaches und Mitarbeitende ein.

Begleitend zum Buch bieten wir einige kostenlose Videodateien an. Sie finden im Text Hinweise auf diese Videos sowie jeweils einen direkten Link.

Inhaltsverzeichnis

Der Autor

Dr. Michael Schwalbach studierte Volkswirtschaft in Mainz, New York und Rio de Janeiro. Mehr als zwanzig Jahre lang war er Unternehmensberater, zuletzt als Mitglied des Leadership-Teams in der Strategieberatung eines weltweit agierenden IT-Beratungsunternehmens. Seit 2008 ist er geschäftsführender Gesellschafter von IFE Advisory GmbH. Michael Schwalbach ist Autor mehrerer Veröffentlichungen zu Selbstführung und Führung, unter anderem im Harvard Business Manager. Er ist gefragter Coach und Berater für Führungskräfte zu den Themen Führung, Veränderungsgestaltung und Kulturwandel. Daneben unterrichtet er als erfahrener Yogalehrer Führungskräfte in achtsamer Selbstführung durch Meditation und Yoga.

Einleitung 1

Führungskräfte agieren in einem Umfeld, das von hoher Dynamik, Komplexität und Unsicherheit geprägt ist. Das 21. Jahrhundert wird, so der Managementvordenker Fredmund Malik, deshalb mehr und bessere Führung brauchen als jedes andere zuvor (Malik 2014). Führung ist nicht mehr vorrangig auf die Optimierung von Prozessen und Geschäftsstrategien ausgerichtet – beides ist weitgehend beherrsch- und kopierbar geworden. Jetzt, im Zeitalter der Wissensarbeiter, stehen die Menschen im Mittelpunkt der strategischen Entwicklungsaufgabe. Wenn das Unternehmensumfeld schwierig ist und die Beachtung des Menschen in der Organisation in den Vordergrund rückt, wie kann dann Führung gelingen? Welche Kompetenzen werden benötigt? Und welche Methoden der Führungskräfteentwicklung können hierbei unterstützen? Mehr vom Gleichen braucht es offenbar nicht. Wie die Harvard-Professorin Barbara Kellerman feststellt, sind die Ergebnisse der in den letzten Jahrzehnten entstandenen „*Leadership-Industrie*" ziemlich ernüchternd (Kellerman 2012). Dem ist leider zuzustimmen, wenn wir zum Beispiel auf die Entwicklung von Vertrauen, Engagement und Resilienz in Organisationen schauen.

In Führungskreisen gibt es ein weitverbreitetes Unbehagen mit Blick auf die aktuellen Führungsergebnisse. Wohl auch deshalb stoßen Führungs- und Entwicklungskonzepte, die den Menschen und dessen innere Verfasstheit stärker in den Blick nehmen, zunehmend auf Resonanz. Die Achtsamkeitskurse des Mediziners John Kabat-Zinn während des World Economic Forums werden von Jahr zu Jahr besser besucht, Top-Führungskräfte wie Peter Terium (RWE) und Norbert Reithofer (BMW) praktizieren Yoga oder meditieren. Gute Führungskräfte vertrauen nicht ausschließlich auf das Rationale und Analytische. Sie nutzen Werkzeuge um zu verstehen, wie sie selbst ticken und wahrnehmen (Fox 2013). Auf dieser Basis entwickeln und verankern sie neues, hilfreiches Führungsverhalten. Auch und be-

© Springer Fachmedien Wiesbaden 2016
M. Schwalbach, *Yoga und Meditation für Führungskräfte,* essentials,
DOI 10.1007/978-3-658-12709-1_1

sonders dann, wenn der Druck groß ist und viel auf dem Spiel steht. Der Schlüssel für gute Führung ist nicht Ihre Handlungs-Toolbox. Der Schlüssel sind Sie selbst.

Es ist Zeit für eine neue Perspektive auf Yoga. Zeit, die uralte Weisheitslehre in ihrer Wirksamkeit für gute Führung im 21. Jahrhundert zu beleuchten. Der Kern der Weisheitslehre Yoga ist das Streben nach Selbsterkenntnis, nach effektiver Führung von innen. Wenn wir nach Techniken und Wegen für gute Selbstführung und Führung suchen, dann brauchen wir nichts Neues zu erfinden. Viel erfolgversprechender ist die Rückbesinnung auf das, was bereits vorhanden und vielfach erprobt ist.

Den Großteil meiner Berufslaufbahn war ich in Unternehmensberatungen tätig, viele Unternehmen und Führungskulturen durfte ich kennenlernen, Hochleistungsteams aufbauen und leiten. Vor fünfzehn Jahren begegnete mir Yoga. Anfangs war ich skeptisch, später integrierte ich die wöchentliche Yogastunde als unumstößlichen Termin in meinen Berateralltag, schließlich folgte die Ausbildung zum Yogalehrer. Vor einigen Jahren stieß ich auf eine inspirierende Aussage von Marc Benioff, Gründer von Salesforce.com, einem Pionierunternehmen für Cloud-Computing. „Yoga ist ein Führungsinstrument", so das Credo des schillernden Selfmade-Milliardärs und fortgeschrittenen Yogaschülers (Secretan 2001, S. 154). Dieser Blick auf Yoga hat mich seither nicht mehr losgelassen. Heute weiß ich um die positive Wirkung von Yoga für die Führung – aus langjähriger persönlicher Erfahrung und aus den Erfahrungen der Teilnehmer meiner Yogakurse für Menschen im Business. Mittlerweile ist die positive Wirkungskraft von Yoga in vielen Bereichen auch wissenschaftlich erwiesen. Und immer mehr spannende Erkenntnisse werden zutage gefördert, wie und warum Yoga auf unseren Körper und unser Gehirn wirkt.

Mit diesem Essential lade ich Sie ein, Yoga als Weg zur guten Führung kennenzulernen. Die uralte Weisheitslehre ist sicher kein Wundermittel, Zweifel und Skepsis sind erlaubt und gehören dazu. Aber vermutlich war sie für gute Führung nie so wertvoll wie heute.

Gute Führung im 21. Jahrhundert – worauf es jetzt ankommt

2

2.1 Ein neues Verständnis von guter Führung

Seit kurzem gibt es eine überzeugende Antwort auf die Frage, wie aus Sicht der Führungskräfte gute Führung gestaltet werden soll. Das *Forum Gute Führung* hat im Oktober 2014 eine richtungsweisende Studie veröffentlicht. Sie gibt uns ein erstes klareres Bild über die kollektiven Vorstellungen der deutschen Führungskräfte von guter Führung. In der Studie stellen 400 deutsche Führungskräfte ihre Anforderungen an gute Führung dar. Es sind deutliche Muster erkennbar, worauf es nach Ansicht von Führungskräften bei guter Führung jetzt ankommt (Forum 2014):

- **Selbst organisierende Netzwerke** sind das favorisierte Zukunftsmodell. Es werden mehr kreative Impulse, höhere Innovationskraft, Beschleunigung der Prozesse und Verringerung von Komplexität erwartet.
- **Befähigung** der Mitarbeitenden durch Unterstützung und Begleitung, z. B. durch Reflexionsgespräche, tritt an die Stelle von hierarchisch steuernder Führung.
- **Diversität und Flexibilität** sind weitgehend akzeptierte Erfolgsfaktoren.
- **Adaptionskompetenz** ist das aktuell wichtigste Entwicklungsziel und erfolgversprechender als langfristige Planungen.
- **Kooperationsfähigkeit** hat Vorrang vor traditionellen Wettbewerbsstrategien, die die Grenzen ihrer Leistungsfähigkeit erreicht haben.
- **Einfühlungsvermögen und Reflexionsfähigkeit** werden immer wichtiger. Denn in einer Netzwerkorganisation ist nur mächtig, was auf Resonanz trifft.
- Engagement wird an **Sinn, Wertschätzung und Selbstbestimmung,** weniger an materielle Anreize.
- **Gesellschaftliche Themen** rücken in den Fokus der Aufmerksamkeit von Führung.

© Springer Fachmedien Wiesbaden 2016
M. Schwalbach, *Yoga und Meditation für Führungskräfte,* essentials,
DOI 10.1007/978-3-658-12709-1_2

Tab. 2.1 Ein neues Führungsverständnis im 21. Jahrhundert. (Quelle: Angepasst nach „Studie Gute Führung"; CEO-Studie Heidrick & Struggles; LEAD Leadership Series N°1)

Herkömmliches Führungsverständnis	Neues Führungsverständnis – welche Ergebnisse soll gute Führung im 21. Jahrhundert bewirken?
Hierarchie	Selbstorganisierende Vernetzung
Monetäre Anreize	Sinnstiftung
Wettbewerb wichtiger als Kooperation	Kooperation wichtiger als Wettbewerb
Planbarkeit	Adaption
Spezialisierung	Kollektive Intelligenz
Standardisierung	Diversität
Anweisung	Befähigung
Rationalität	Das ganze Gehirn nutzen (Mehr emotionale und intuitive Intelligenz)
Mensch als informationsverarbeitende Maschine (Inputorientierung)	Erneuerung & Rhythmus (Outputorientierung)
Blick auf andere (Außenorientierung)	Selbstreflexion (Innenorientierung)

Zu einem ganz ähnlichen Bild kommen eine aktuelle weltweite CEO-Befragung der Personalberatung Heidrick&Struggles (Heidrick und Struggles 2015) sowie der Leadership-Think Tank der Mercatorstiftung (LEAD 2013) auf Basis von Befragungen und Diskussionsforen mit Spitzenführungskräften. Dort nennen Top-Führungskräfte die Fähigkeit zur **Regeneration** als weiteren wichtigen Aspekt guter Führung. Nur so könne mit dem wachsenden Druck umgegangen werden.

Offenbar entwickelt sich aktuell ein neues Führungsverständnis. Viele Führungskräfte in Deutschland wünschen sich einen Paradigmenwechsel in der Führungskultur (siehe Tab. 2.1).

Die Umsetzung des neuen Führungsverständnisses ist keine leichte Aufgabe. Zum einen hängt die konkrete Realisierung der Selbstorganisation von den spezifischen kulturellen und strukturellen Gegebenheiten einer Organisation, etwa der Zahl der Mitarbeiter, ab. Während einige kleinere Unternehmen wie der Hersteller von Tomatenprodukten *Morning Star* bereits selbstorganisierende Systeme sind (MorningStar 2015), werden die großen Konzerne vermutlich nie ganz ohne Linienmanager auskommen. Das Ziel kann hier nur sein, soviel Selbstorganisation wie möglich herzustellen. Ferner wird es entscheidend darauf ankommen, wieviel Mut insbesondere die Führungskräfte an der Spitze beweisen, wenn es darum geht die bisherigen Erfolgsstrategien aufzugeben beziehungsweise zu modifizieren für den Musterwechsel in Sachen Führung.

2.2 Zwölf Kompetenzen für gute Führung

Selbstführungs- und Beziehungsfähigkeiten werden laut der vom *Forum Gute Führung* befragten Führungskräfte zukünftig enorm wichtig sein. Welche konkreten Kompetenzanforderungen werden im Rahmen des neuen Paradigmas an Führungskräfte gestellt? Zwölf Kompetenzen zur Selbstführung sowie zur Gestaltung gelingender Führungsbeziehungen werden beleuchtet. Die Auswahl der Kompetenzen beruht zum einen auf zahlreichen Gesprächen und Erfahrungen mit Führungskräften und Führungsexperten während meiner langjährigen Tätigkeit als Unternehmensberater und Coach. Zum anderen reflektiert die Auswahl die intensive Sichtung der aktuellen Literatur zum Thema Führung. Die Leitfrage bei der Kompetenzauswahl war, welche Fähigkeiten benötigt werden, um die in Tab. 2.1 aufgeführten Ergebnisse guter Führung zu erzielen.

Es ist eine „Kompetenzlandkarte" für gute Führung entstanden, die indes nicht den Anspruch auf Vollständigkeit erhebt. Die Kompetenzlandkarte umfasst Kompetenzen auf körperlicher, emotionaler und kognitiver Ebene. Um gut zu führen, müssen sicher nicht alle aufgeführten Kompetenzen gleichermaßen erfüllt sein. Die Kompetenzlandkarte (siehe Abb. 2.1) kann aber dazu dienen, das eigene Kompetenzrepertoire zu reflektieren. Zwischen den einzelnen Kompetenzen bestehen zahlreiche Wechselwirkungen, auf die in Kap. 4 näher eingegangen wird.

Abb. 2.1 Zwölf Kompetenzen für gute Führung im 21. Jahrhundert

Anstrengung und Durchhaltevermögen sind nötig, um diese Führungskompetenzen zu entwickeln. Es gibt aber auch eine gute Nachricht: Wir müssen keine neuen Entwicklungs- und Trainingstools erfinden. Die uralte Weisheitslehre Yoga hält sehr vieles bereit, was für eine zeitgemäße gute Führung benötigt wird.

Yoga: die uralte Weisheitslehre als Weg zur guten Führung

Die Weisheitslehre Yoga wird zuerst in den Upanishaden (1500-1000 v. Chr.) beschrieben. Dort ist bereits von den grundlegenden Techniken des Yoga, etwa die Meditation mit dem Mantra OM, die Rede. Die Zusammenfassung der klassischen Lehrsätze des Yoga, auch Yogasutra genannt, werden einem Autor namens Patañjali zugeschrieben. Das in der indischen Sprache Sanskrit verfasste Yogasutra (kurze und prägnante Lehrsätze, Anm. des Verf.) gilt als die unbestrittene Quintessenz des Yoga. Es kann davon ausgegangen werden, dass es in einem Zeitraum von 325 bis 425 n. Chr. verfasst wurde.

Im Zusammenhang mit guter Führung geht es in der Yogaphilosophie nicht um religiöse Heilslehren, sondern um einen Übungsweg zur Selbsterkenntnis und -wahrnehmung, mentaler Kontrolle sowie Erforschung und Entwicklung des eigenen Bewusstseins. In den Lehrsätzen Patañjalis wird eine Reihe von Wirkungen des Yoga auf körperlicher und mentaler Ebene genannt, die auch für moderne Führung eine hohe Relevanz besitzen (Patañjali 2007):

- Zur–Ruhe-Kommen der Gedanken, Gelassenheit (das übergeordnete Ziel)
- Selbsterkenntnis und Freiheit
- Klarheit und Weisheit
- Entwicklung von Qualitäten wie Liebe, Mitgefühl und Gleichmut
- Überwindung von mentalen und körperlichen Beschränkungen, zum Beispiel Gier und Krankheit

Dies sind starke Leistungsversprechen. Die Wissenschaft hat, wie wir später noch sehen werden, in den letzten Jahren sehr viele der genannten Wirkungen bestätigt. Um von den Vorteilen des Yoga zu profitieren ist ausdauerndes Üben wichtig.

© Springer Fachmedien Wiesbaden 2016
M. Schwalbach, *Yoga und Meditation für Führungskräfte*, essentials,
DOI 10.1007/978-3-658-12709-1_3

3.1 Der klassische Yoga: Meditation, Achtsamkeit und Körperhaltungen

Yoga steht nicht nur für die intensive Arbeit mit dem Körper. Die Entwicklung der heute bekannten zahlreichen Yoga-Haltungen erfolgte erst zu Anfang des 20. Jahrhunderts. Eine kleine Gruppe indischer Lehrer brachte damals den Yoga in den Westen. Auf diese Lehrer geht ein Großteil jener Yogastile zurück, die sich der klassischen Lehre verbunden fühlen und Körperübungen systematisch mit den ursprünglichen Techniken der Meditation und Achtsamkeit verbinden (z. B. Ashtanga Yoga, Hatha Yoga, Iyengar Yoga, Kundalini Yoga nach Yogi Bhajan). Diese Yogaformen sind eine Synthese aus östlichen und westlichen Übungswegen.

Nach Patañjali ist das übergeordnete *Ziel des Yoga einen Zustand zu erreichen, in dem unsere Gedanken zur Ruhe kommen* (Patañjali 2007, S. 21). Dementsprechend stehen die Techniken von Meditation und Achtsamkeit im Vordergrund. Die körperlichen Aktivitäten sind (nur) ein Mittel zur Herbeiführung des angestrebten seelischen und geistigen Zustands.

Zwischen Meditation und dem aktuell vergleichsweise bekannten Achtsamkeitstraining wird häufig nicht unterschieden. Beide Techniken haben viele Gemeinsamkeiten, es gibt aber auch wichtige Unterschiede, die sich am besten durch Erfahrung mit den beiden Techniken erschließen. Gleichwohl seien einige Bemerkungen zum Verhältnis von Achtsamkeit und Meditation angefügt. Dadurch soll vor allem der integrale Charakter des traditionellen Yoga hervorgehoben werden. Körperhaltungen, Achtsamkeit und Meditation: Der klassische Yoga ist gewissermaßen eine *all-in-one* Methode.

Unter Achtsamkeit versteht man *„die absichtliche Lenkung der Aufmerksamkeit auf den gegenwärtigen Moment, ohne Bewertung"* (Kabat-Zinn 2010, S. 18). Eine in der Achtsamkeitslehre häufig gebrauchte Metapher ist eine Töpferscheibe, die aufhört sich zu drehen, indem man sie nicht weiter antreibt – in gleicher Weise kommen unsere Anhaftungen und Gedanken zur Ruhe, wenn wir sie neutral beobachten. Die Methode der Achtsamkeit sensibilisiert unser Bewusstsein und schafft eine reflektierende Distanz. In der Achtsamkeitsmeditation, die eine spezifische Meditationsform darstellt, soll sich der Geist beruhigen und sammeln. Achtsamkeit spielt auch im Yoga eine große Rolle. Jede Yogastunde, und im Grunde jede Yogaübung, ist eine systematische Wahrnehmungsschulung, ein Prozess der Selbstbeobachtung, der Selbsterforschung und des achtsamen Handelns.

Bei der im Yoga angestrebten meditativen Versenkung sind noch tiefere Bewusstseinserfahrungen als in der Achtsamkeitsmeditation möglich. Der Psychologe und Yogalehrer Ulrich Ott verweist auf eine Studie, in der sehr geübte Meditierende von Wahrnehmungen berichten, in denen sich die Grenzen zwischen ihnen und ihrer Umwelt auflösen (Ott 2013, S. 54).

Sie müssen übrigens nicht stillsitzen um zu meditieren. (Achtsamkeits-) Meditationen können passiv, das heißt im stillen Sitzen oder aktiv, bei körperlicher Bewegung, beim achtsamen Handeln, bei der lauten Rezitation oder beim Singen praktiziert werden.

3.2   Gute Führung aus der Sicht des Yoga

Im Zusammenhang mit Führung ist besonders inspirierend, welche Anforderungen in Patañjalis Yogasutren an unsere Selbstführungsfähigkeiten (*niyama*) und unsere Beziehungskompetenzen (*yama*) gestellt werden (Patañjali 2007, S. 115–133).Die Prinzipien guter (Selbst-) Führung sind nicht als moralische Vorschriften gemeint. Sie sollen vielmehr als Richtschnur der persönlichen Entwicklung dienen.

Die yogischen Prinzipien der Selbstführung – niyama
Reinheit in allen Dingen *[saucha]* Das erste Prinzip des Niyama wird übersetzt mit Sauberkeit, Reinheit. Dem Körper soll äußere Hygiene, die richtige Ernährung und die nötige Bewegung gegeben werden, damit er gesund und elastisch bleibt.

Innere Ruhe *[santosha]* Freude und Zufriedenheit finden in dem was ist und dem was wir haben. Die Grundhaltung der Zufriedenheit, Genügsamkeit und Dankbarkeit hilft, das Streben nach Mehr im Zaum zu halten und begünstigt Erfahrungen inneren Glücks durch Meditation.

Selbstdisziplin *[tapas]* Bewusster Verzicht (Askese), der die Selbstbeherrschung von Körper und Sinnen steigert. Tapas bezeichnet das Wollen, das Commitment für die Entwicklung von Disziplin, Enthusiasmus und Lernbereitschaft. Tapas steht ebenso für das Durchhalten, besonders in schwierigen Zeiten.

Selbststudium *[svadhyaya]* Das Bemühen, sich stets im Wege der Selbstreflexion mit seinem eigenen Verhalten kritisch auseinanderzusetzen.

Hingabe *[ishvara pranidhana]* Es geht darum, sich mit ganzem Herzen einer Sache hinzugeben, alle anderen Dinge und Geschehnisse loszulassen.

Die yogischen Prinzipien der Gestaltung unserer Beziehungen – yama
Mitgefühl, Güte und Gewaltlosigkeit *[ahimsa]* Gegenüber anderen im Denken, Fühlen, Sprechen und Handeln

Wahrhaftigkeit *[satya]* Integer leben, authentisch sein und zu seinen Werten stehen. Die Wahrheit sagen, gegenüber anderen und sich selbst ehrlich sein, anderen und sich selbst in die Augen schauen können.

Nicht-Stehlen *[asteya]* Nichts nehmen oder stehlen, was einem nicht gehört. Keinen Vorteil auf Kosten anderer haben. Damit sind Gegenstände, wie auch geistige Dinge gemeint, etwa geistiges Eigentum oder Dinge, die im Vertrauen ausgesprochen werden.

Maßhalten, das eigene Maß finden *[brahmacharya]* Vermeidung jeder Art von Maßlosigkeit, das eigene Maß finden, beispielsweise beim Essen, in der Sexualität oder beim Genuss von Rauschmitteln.

Nicht-Besitzergreifen/ nicht–Anhaften *[aparigraha]* Sich nicht durch seinen Besitz definieren und nicht Besitz ergreifend sein. Die Kontrolle über Gedanken, Menschen und Ergebnisse loslassen.

Die zehn yogischen Verhaltensregeln bieten einen Referenzrahmen, um das eigene Führungsverhalten oder den Wertekern einer Organisation zu reflektieren. Vielleicht nehmen Sie sich einen Moment Zeit, um über die beiden folgenden Fragen nachzudenken:

- Wie stark entspricht mein Führungsstil den yogischen Prinzipien der guten Selbstführung und Beziehungsgestaltung?
- Gespiegelt an den yogischen Prinzipien, wo liegen die stärksten Handlungsbedarfe in der Entwicklung der Kultur meiner Organisation, meines Bereiches, meines Teams?

Im folgenden Kapitel wird erklärt, wie und warum Yoga bei der Kompetenzentwicklung unterstützten kann. Der Schlüssel für gute Führung ist effektive Selbstführung. Betrachten wir also zunächst (ab Absch. 4.1) die *Selbstführungskompetenzen*, später dann die *Kompetenzen für die Gestaltung gelingender Beziehungen* (beginnend mit Abschn. 4.9).

Kompetenzentwicklung für gute Führung durch Yoga 4

4.1 Selbstwahrnehmung: das Spürbewusstsein verfeinern

Gemäß einer aktuellen Befragung von 150 CEOs ist Selbstwahrnehmung eine kritische Anforderung an die Führungsqualität der „next generation CEOs". Von den zukünftigen Spitzenführungskräften wird nämlich ein Führungsstil erwartet, der Zusammenarbeit und Vernetzung in den Vordergrund stellt (Heidrick und Struggles 2015).

Selbstwahrnehmung ist nach Daniel Goleman *„ein neutraler Zustand, in dem die Selbstreflexion sogar inmitten turbulenter Emotionen aufrechterhalten wird"* (Goleman 2005, S. 51). Erinnern wir uns an die Definition von Achtsamkeit von John Kabat-Zinn, wonach *„Achtsamkeit ...die absichtliche Lenkung der Aufmerksamkeit auf den gegenwärtigen Moment, ohne Bewertung"*, ist, dann wird die große Übereinstimmung zwischen Selbstwahrnehmung und Achtsamkeit deutlich. Beide Begriffe beschreiben denselben Sachverhalt. Selbstwahrnehmung bzw. Achtsamkeit ist trainierbar. Bereits kleine regelmäßige Übungen tragen dazu bei sie zu kultivieren, das zeigen die langjährigen Erfahrungen mit Achtsamkeitsmeditationen. Besonders wichtig für die Selbstführung ist die Wahrnehmung der eigenen Emotionen, weil diese der eigentliche Antrieb unseres Handelns sind. Auf der Ebene des Gehirns lassen sich die Emotionen oft gar nicht von der Kognition – dem Denken, Wahrnehmen und Erinnern – trennen. Praktisch jeder Gedanke, jede Wahrnehmung und jede Erinnerung wird von Emotionen begleitet. Die Emotionen und das entsprechende Verhalten werden nicht durch Tatsachen ausgelöst, sondern durch unsere persönliche Bewertung und Interpretation dieser Tatsachen. Ein wesentlicher Bestandteil von Achtsamkeitstrainings ist es daher, die automatisch ablaufenden Bewertungen zu erkennen, ganz bewusst wahrzunehmen und sich von

Links im Kapitelanhang des Beitrags auf Springerlink (doi:10.1007/978-3-658-12709-1_4)

© Springer Fachmedien Wiesbaden 2016
M. Schwalbach, *Yoga und Meditation für Führungskräfte,* essentials,
DOI 10.1007/978-3-658-12709-1_4

ihnen zu lösen. Die Bereichsleiterin eines großen Transportunternehmens erzählte mir von ihrer ersten Teilnahme an einer Sitzung des Gesamtvorstands – alles Männer. „Na, dann können Sie uns ja gleich einen Kaffee machen", witzelte ein Vorstand unter vier Augen. Die Angesprochene konnte diese Bemerkung als misslungenen – vielleicht der Verunsicherung entsprungenen? – Versuch eines Scherzes einordnen und ihre Contenance bewahren. Ihre Reaktion dürfte weniger souverän ausfallen sein, hätte sie die Aussage des Vorstands als Angriff auf ihre Person gewertet.

Beim Trainieren der Selbstwahrnehmung geht es neben der Wahrnehmung der eigenen Emotionen auch um die Verfeinerung der Körperwahrnehmung. Denn eine Emotion ist nicht nur eine psychologische, sondern auch eine körperliche Erfahrung, weil jede emotionale Erfahrung im Körper abgespeichert wird. Viele muskuläre und körperliche Probleme sind gleichsam im Körper *„gefrorene"* Emotionen (Ballreich 2009, S. 42). Umgekehrt haben körperliche Signale Auswirkungen auf Gedanken und Emotionen. Probieren Sie es doch kurz aus: Ziehen Sie einfach für ein paar Momente die Mundwinkel nach oben und achten Sie darauf, wie Sie sich danach fühlen. Seien Sie nicht überrascht, wenn Sie sich besser fühlen. In der modernen Kognitionswissenschaft spricht man von Embodiment, um die Ganzheitlichkeit und Wechselwirkungen von Körper und Geist zu beschreiben.

Mit einer Mini-Meditation können Sie Ihre Selbstwahrnehmung immer dann trainieren, wenn Sie einen kleinen Moment Zeit haben. Um den sogenannten Atemraum zu praktizieren benötigen Sie nicht mehr als drei Minuten, eine Minute für jeden der drei Schritte. **[s. VIDEO 1,** https://youtu.be/LL2VXzz-AVA**]**

> **Übung 1: Selbstwahrnehmung verfeinern – Den eigenen Atemraum spüren**
> Am besten schließen Sie während der Meditation die Augen, um Ihre Konzentration zu unterstützen, und atmen Sie durch die Nase.
> 1. Wahrnehmen: Nehmen Sie alle Gedanken, Gefühle und Körperempfindungen bewusst wahr.
> 2. Sammlung: Beobachten Sie den Atem, und ruhen Sie im gegenwärtigen Augenblick.
> 3. Ausdehnen: Nehmen Sie den Köper als Ganzes wahr.

Daniel Goleman beschreibt in seinem einflussreichen Buch *„Emotionale Intelligenz"* (Goleman 2005) drei Teil-Kompetenzen der Selbstwahrnehmung, die er „emotionale Kompetenzen" nennt, und die nachweislich in außergewöhnlichen

Führungsleistungen resultierten. Mit verbesserter Selbstwahrnehmung steigt die Teil-Kompetenz zur *Selbstreflexion*. Wenn Sie Ihre Aufmerksamkeit auf Ihre Emotionen und Körperempfindungen lenken, wie in der obigen Meditation, dann wird Ihre Großhirnrinde, der Neocortex, aktiviert. In diesem Gehirnareal geschieht die bewusste Bewertung und Verarbeitung von Informationen. Das Gehirn agiert nun nicht mehr im Standard-Modus, in dem sicher über 90 % der Informationen verarbeitet und bewertet werden. Je mehr Sie die Selbstwahrnehmung üben, desto leichter fällt es Ihnen Ihre Emotionen in Ihrem Körper zu erkennen, zu wissen wo sie herkommen und die Auswirkungen auf Ihr Verhalten zu verstehen. Die zweite Teil–Kompetenz, die sich mit verbesserter Achtsamkeit entwickelt, ist die *„treffende Selbsteinschätzung"*. Damit ist das Wissen um die eigenen Stärken und Grenzen gemeint und, noch eine Ebene tiefer, die Erkenntnis der eigenen Werte. Die dritte Teil-Kompetenz, die durch höhere Achtsamkeit gestärkt wird, ist *Selbstvertrauen*. Das Lösen von den ständigen, oft negativen Beurteilungen uns selbst gegenüber, führt zu einem starken Gefühl von Selbstwert und eigenen Fähigkeiten (Tan 2013).

Achtsamkeit kann auch als *Meta-Aufmerksamkeit* betrachtet werden. Wer sie entwickelt, kann das Spürbewusstsein wie den Strahl einer Taschenlampe nutzen, um sich selbst, seinen Körper und seine Emotionen klarer wahrzunehmen. Selbstwahrnehmung oder Achtsamkeit ist die Schlüsselkompetenz für gute (Selbst-) Führung im 21. Jahrhundert. Denn sie ermöglicht die Verbesserung der elf anderen Kompetenzen für gute Führung. Umgekehrt wächst die Selbstwahrnehmung mit jeder der zwölf Kompetenzen.

Die fortwährende Wahrnehmung der eigenen körperlichen und psychischen Zustände, das selbstreflexive Wahrnehmen, ist im Yoga bereits eine seit Jahrtausenden geläufige Praxis. Körperhaltung, Atmung und Aufmerksamkeit sind stets miteinander verbunden. Es geht in der Yogapraxis um Bewusstheit und die sanfte Erweiterung der eigenen mentalen und körperlichen Grenzen. So aktivieren zum Beispiel aufmerksam durchgeführte ungewöhnliche Körperhaltungen und Bewegungsmuster das Gehirn, dadurch wird „Körper-Bewusstheit" ermöglicht (Trökes und Knothe 2010).

4.2 Körperliche Regeneration: auf Energie und Rhythmus achten

Im modernen Arbeitsleben nutzen wir vielerlei technische Hilfsmittel, die unsere Effizienz und Leistungsqualität steigern sollen. Dabei vergessen wir allzu leicht, dass wir selbst unser wichtigstes Arbeitsinstrument sind. Wir sind ein komplexes, auch von der Wissenschaft bislang nur in Umrissen verstandenes, Körper-Geist-Netzwerk. Die körperliche Regeneration ist deshalb die Basis erfolgreicher Führung. *„Wenn wir nicht auf unseren Körper achten, sind wir suboptimal in allem, was wir tun"* schreibt Tony Schwartz, Gründer der Initiative *The Energy Project*, die sich der Verbesserung unseres Energiemanagements am Arbeitsplatz verschrieben hat (Schwartz 2010, S. 49). Der Yoga misst dem Körper eine hohe Wertschätzung bei, er wird als *„Tempel des Geistes"* angesehen.

In sehr vielen Unternehmen und Institutionen herrscht eine Führungskultur, die den Menschen als informationsverarbeitende Maschine betrachtet. Vorstellungen von Energie und Rhythmus, die in der Yogapraxis eine wichtige Rolle spielen, werden nur selten berücksichtigt. Dabei ist ein gesunder Körper eine Ansammlung pulsierender Systeme mit einem spezifischen Rhythmus. Atmung, Herzschlag, Gehirnwellen, Körpertemperatur, Blutdruck, Hormonstand, alles pulsiert. Unser Körper gibt uns ungefähr alle 90 min Signale für eine Pause. Das spüren wir dann als körperliche Unruhe, verringerte Aufmerksamkeit oder stärkere Reizbarkeit. Häufig genug nehmen wir jedoch diese Anzeichen nicht wahr, besonders in Phasen hoher Beanspruchung. Es ist unser fundamentales Bedürfnis, Energie zu verbrauchen und zu erneuern. Je stärker die Anforderung, desto größer der Bedarf für Erneuerung (Schwartz 2010, S. 50–51).

Bei regelmäßiger Yogapraxis wächst die Kompetenz der Übenden, den eigenen Rhythmus zu erkennen und ihm zu folgen. In jeder Übung wird die Atemführung rhythmisch mit Anspannung und Entspannung, Bewegung und Ruhe verbunden. Auch die Atemführung selbst kann in unterschiedlichen Rhythmen erfolgen, etwa in der tiefen, langsamen Yoga-Vollatmung oder in der schnellen und flachen Atmung. Oft ist es für Anfänger ein „Aha-Erlebnis", den Rhythmus des eigenen natürlichen Atems zu erfahren: Einatmen, Pause, Ausatmen, Pause.

Für eine ausbalancierte körperliche Energie sind laut westlicher Wissenschaft Ernährung, Bewegung und Schlafen die wichtigsten Grundlagen. Nach yogischer Vorstellung kann unsere individuelle Energie auch durch die Atmung, genauer die Atemkontrolle, positiv beeinflusst werden. Aus Platzgründen fokussiere ich hier auf die drei Energiequellen Bewegung, Schlafen und Atmung.

Der geübte Umgang mit dem Atem besitzt im Yoga einen hohen Stellenwert. Pranayama, wie die Atemübungen überschrieben werden, bedeutet so viel wie „das Lenken der Lebensenergie durch bewusstes Atmen" und umfasst acht Atemtechniken. Besonders häufig genutzt werden die Vollatmung, die schnelle flache Atmung und wechselseitige Nasenatmung.

*Die Vollatmung ist eine grundlegende Yogatechnik. Sie ist besonders hilfreich in Stresssituationen, die uns Energie rauben. Eine Atempause dauert nicht länger als fünf Minuten. [s. **VIDEO 2**, https://youtu.be/Bxpv6z9KGAQ]*

Übung 2: Energie gewinnen – Gönnen Sie sich eine intensive Atempause
Am besten lernen Sie die Yoga-Vollatmung schrittweise.

Wenn möglich, schließen Sie während der Atemübung die Augen, um Ihre Konzentration zu unterstützen, und atmen Sie durch die Nase. Stehen Sie bequem, mit hüftbreit gespreizten Beinen und aufgerichteter Wirbelsäule. Halten Sie die Schultern entspannt und nehmen Sie sie leicht zurück, sodass sich Ihr Brustkorb öffnen kann. Versuchen Sie jetzt, nacheinander die drei Atemphasen zu spüren. Sie können dazu Ihre Hände auf den jeweiligen Körperteil legen.

1. Bauchatmung

Spüren Sie für einige Augenblicke, wie sich die Bauchdecke beim entspannten Atmen ganz von selbst bewegt. Verstärken Sie dann diese Bewegung durch tiefes Atmen in den Bauch. Ihr Bauchnabel bewegt sich beim Einatmen von der Wirbelsäule aus gesehen nach vorne. Legen Sie den Fokus auf eine tiefe Ausatmung und blähen Sie den Bauch beim Einatmen nicht krampfhaft auf. Eher bewegt sich die Bauchdecke wie eine Schwingtür, die Sie loslassen, wieder nach außen. Falls Ihnen durch das vertiefte Atmen schwindelig werden sollte, dann verlangsamen Sie die Atmung.

2. Brustatmung

Nehmen Sie zuerst wieder die spontanen Atembewegungen im Brustraum wahr und dehnen Sie diese dann willentlich aus, ohne sich zu sehr anzustrengen. Gehen Sie behutsam vor, als wollten Sie einer Schaukel, die bereits hin und her schwingt, einen sanften zusätzlichen Schubs geben. Spüren Sie auch diese Phase, in der sich die Brustwand etwas stärker weitet und zusammenzieht, ein paar Atemzüge lang.

3. Atmen in die Lungenspitzen

In der dritten Phase legen Sie Ihre Fingerspitzen auf den oberen Brustraum in Höhe des Schlüsselbeins. Ist auch dort oben noch eine Atembewegung zu spüren? Versuchen Sie, auch in diesen Bereich verstärkt hineinzuatmen. Sollten Sie (noch) nichts spüren, dann machen Sie sich keine Sorgen. Mit etwas Übung werden Sie sich auch diese Atemregion erschließen.

4. Und jetzt alles zusammen: Yoga-Vollatmung

Jetzt können Sie alle drei Bereiche nacheinander mit Luft befüllen, wobei die Übergänge fließend sind. Atmen Sie zuerst in den Bauch, dann lassen Sie die Atemluft weiter auch in den Brustkorb fließen, bis sie schließlich auch die oberen Lungenspitzen ausfüllt. Bei der anschließenden Ausatmung brauchen Sie keine Reihenfolge zu beachten. Nur zum Abschluss sollten Sie den Nabel deutlich, aber nicht zu heftig, zur Wirbelsäule ziehen, um die restliche Luft aus der Lunge zu befördern. Wiederum liegt der Fokus auf der vertieften Ausatmung. Sie können die Yoga-Vollatmung auch im Sitzen durchführen.

Die in Unternehmen allerorten anzutreffende schlechte Fitness und Vitalität hängt mit zu wenig Bewegung zusammen. Die meisten Deutschen bewegen sich nicht mal eine Stunde am Tag, den Arbeitsweg mit eingerechnet (Techniker-Krankenkasse 2013). Dabei ist schon eine geringe körperliche Aktivität, wie ein Spaziergang oder der wiederholte Gang zum Kopierer gut für Ihren Rücken und Ihren Kreislauf. Außerdem trainieren Sie auch Ihr Gehirn. Bei Bewegung produziert unser Nervensystem Botenstoffe, so genannte Neurotransmitter, welche eine verbesserte Speicherung und Verknüpfung von Wissen bewirken.

Im klassischen Yoga dient die Bewegung als Vorbereitung für die Meditation. Bei den Körperübungen wird besonderer Wert auf Beweglichkeit, Koordinationsfähigkeit, Gleichgewicht und Kraft gelegt. Yogaübungen steigern nachweislich Balance und Beweglichkeit, regelmäßig Übende spüren einen Muskelzuwachs. Nicht zuletzt kommt es zur Linderung von Schulter-, Rücken- und Nackenschmerzen, unter denen besonders viele Menschen im Büro leiden und die die Vitalität stark einschränken können (Broad 2013, S. 77–78).

*Die nachfolgende kleine Übung hilft Ihnen, Ihre Wirbelsäule beweglich zu halten und Rückenschmerzen vorzubeugen. [s. **VIDEO 3**, https://youtu.be/8FWuYrRH3FM]*

Übung 3: Rücken kräftigen – Bringen Sie Ihre Wirbelsäule in Bewegung
Kommen Sie in die aufrechte Sitzposition. Setzen Sie sich auf den Stuhl, ohne sich anzulehnen. Achten Sie darauf, dass die Füße hüftbreit auseinander stehen und guten Kontakt zu Boden haben. Richten Sie Ihre Wirbelsäule nach oben auf, als würden Sie wie eine Marionette in Ihrer Kopfmitte an einer Schnur hängen. Machen Sie ein leichtes Doppelkinn, die Halswirbel sind dann gestreckt. Die Schultern dürfen Sie entspannt hängen lassen und etwas nach hinten nehmen, damit Ihr Brustkorb sich öffnen kann.

Legen Sie nun die Handflächen bequem auf die Oberschenkel. Atmen Sie ein und machen Sie dabei ein Hohlkreuz, dehnen Sie Ihre Wirbelsäule nach vorne, und richten Sie den Brustkorb auf. Beim Ausatmen biegen Sie die Wirbelsäule nach hinten. Halten Sie während der Übung den Kopf gerade, sodass er sich möglichst wenig nach oben und unten bewegt. Achten Sie darauf, den Kopf während der Übung nicht zwischen die Schultern sinken zu lassen. Die Übung fühlt sich an als würden Sie auf einem Kamel reiten. Wiederholen Sie diese Bewegung 2 min lang. Atmen Sie danach noch einige Male tief ein und aus.

Wenn möglich, atmen Sie während der Übung durch die Nase. Und halten Sie die Augen geschlossen, um Ihre Konzentration zu erleichtern.

Viele Führungskräfte und Manager finden, Schlafen sei etwas für Schlafmützen. Die Kanzlerin schläft wenig, Vorstände äußern sich gerne öffentlich darüber, wie wenig sie schlafen. Wenig Schlaf scheint ein Erfolgsrezept zu sein. Für einige *happy few* mag dies der Fall sein. Die wissenschaftlichen Fakten sprechen jedoch eine andere Sprache. Der Schlaf ist die wichtigste Quelle unserer körperlichen Energie. Nichts beeinflusst unsere Leistung mehr als der Schlaf. Viele Studien zeigen, dass wir besser performen, wenn wir länger schlafen als der Durchschnitt. Wir benötigen ausreichend (ca. 7 Stunden) Schlaf, um uns zu regenerieren. Beeindruckend ist die Wirkung von Schlaf auf unser Lernvermögen: Studenten, die einen 60–90 minütigen Schlaf am Nachmittag machten, konnten zweimal so viel lernen wie andere. Im Schlaf integriert unser Gehirn das tagsüber Gelernte. Der Kurzschlaf tagsüber (power napping) steigert die Reaktionsfähigkeit. NASA-Piloten, die ca. 30 min während des Flugs schliefen, konnten ihre Reaktionszeit um 16 % verbessern (Schwartz 2010, S. 72–75). Yogische Techniken können gesunden Schlaf begünstigen und Schlafstörungen vorbeugen. Dies zeigen zahlreiche wissenschaftliche Studien (Broad 2013, S. 139–142).

Die nachfolgende Atemübung senkt den Blutdruck und kann daher gut als Einschlafhilfe genutzt werden.

Übung 4: Energie gewinnen – Schlafen Sie gut

Setzen Sie sich bequem hin, mit aufrechter Wirbelsäule. Klappen Sie den Zeigefinger und den Mittelfinger der rechten Hand ein. Sie können jetzt den Daumen dazu benutzen, das rechte Nasenloch zu verschließen. Mit dem Ringfinger schließen Sie den linken Nasenflügel. Drücken Sie jeweils von außen gegen die Nasenflügel.

Verschließen Sie mit dem Daumen das rechte Nasenloch und atmen Sie durch das linke Nasenloch ein. Sobald Sie eingeatmet haben, verschließen Sie das linke Nasenloch und geben das rechte Nasenloch frei, um dort auszuatmen. Dann atmen Sie rechts ein und links aus. Nun kann ein neuer Zyklus beginnen. Üben Sie zunächst fünf Zyklen und steigern Sie dann allmählich bis auf zwanzig.

Schließen Sie während der Übung Ihre Augen, damit Sie sich besser konzentrieren können.

Diese Übung können Sie nur durchführen, wenn keines der beiden Nasenlöcher verstopft ist.

4.3 Gelassenheit: der konstruktive Umgang mit Emotionen

Gelassene Führungskräfte versuchen ihre Emotionen nicht etwa zu unterdrücken, sondern sie gehen gekonnt mit ihnen um. In brenzligen Situationen die Ruhe zu bewahren ist ein Zeichen von Stärke. Emotionale Anspannung ist zudem ansteckend, sie breitet sich schnell aus (Singer und Klimecki 2014, S. R 875). Sie haben vermutlich schon erlebt, welche Wirkung es auf die Umgebung hat, wenn eine Führungskraft emotional aus der Balance gerät. Gelassenheit heißt sowohl mit äußeren, als auch mit den inneren Stressoren – das sind häufig die Ansprüche an uns selbst – konstruktiv umzugehen.

Über den starken Einfluss der Emotionen auf unser Handeln haben wir bereits gesprochen. Für eingefleischte Rationalisten wird es nun noch spannender. Es ist nämlich nicht nur so, dass es keinen Gedanken ohne Emotion gibt. Wenn wir uns einem Reiz aus der Umwelt ausgesetzt sehen, entstehen immer zuerst Emotionen, erst mit zeitlicher Verzögerung kommt unser Bewusstsein ins Spiel (siehe Abb. 4.1). Daniel Kahneman, Psychologe und Nobelpreisträger für Ökonomie, spricht von den *„schnell denkenden"* und *„langsam denkenden"* Gehirnarealen, die ständig miteinander kommunizieren. Vereinfacht gesprochen entstehen die Emotionen im schnelldenken Gehirnareal, dem limbischen System. In einem Teil des limbischen Systems, der Amygdala, erzeugt alles, was um uns passiert, eine ständige innere Sicherheitsprüfung. Ununterbrochen wird geprüft, ob das gerade Geschehende positiv erlebt wird oder ob wir uns vor einer Gefährdung schützen müssen. In Situationen, die als gefährlich oder schmerzhaft eingestuft werden, tendiert unser Gehirn zur sofortigen Reaktion und versetzt uns in den (Stress-) Modus des *„Fliehen oder Kämpfen"*. Das Bewusstsein entsteht im langsam den-

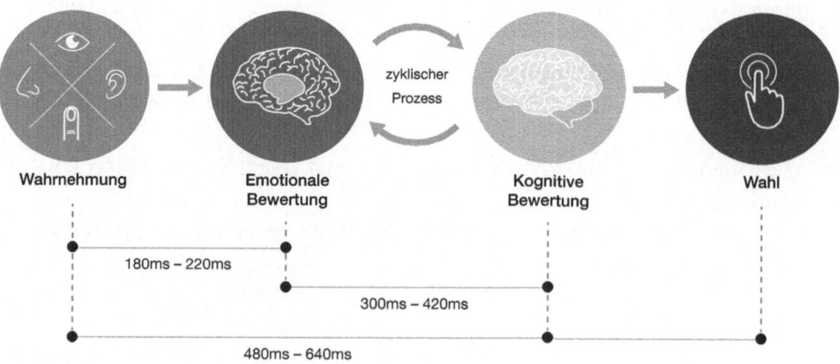

Abb. 4.1 „Schnelles" emotionales und „langsames" rationales Denken, Feingold GmbH

kenden Gehirnareal, dem Neocortex. Innerhalb des Neocortex ist der Präfrontale Cortex, der Stirnlappen, für die Steuerung der Emotionen verantwortlich (Kahneman 2012).

Gelassenheit bedeutet, Pausen zwischen Stress-Emotions-Auslösern und Reaktionen darauf entstehen zu lassen. Wenn wir eine Reaktionspause herstellen, erhöhen wir unsere Wahlfreiheit und die Zahl unserer Verhaltensoptionen. Der langsame Präfrontale Cortex, der Manager der Emotionen, erhält Gelegenheit, seine Aufgabe zu erfüllen und nicht von der superschnellen Amygdala dominiert zu werden.

Führungskräfte, die durch Training ihre Fähigkeit zur Selbstwahrnehmung sensibilisiert haben, erkennen das Entstehen von Emotionen gewissermaßen in Zeitlupe. Dies ist die Voraussetzung für die Kontrolle der Emotionen und die bewusste Reaktion auf Situationen und Menschen. Gute Fähigkeiten der emotionalen Selbstregulierung benötigen wir vor allem, wenn wir getriggert werden. Wir alle kennen das, wenn wir auf eine scheinbar unwichtige Situation, zum Beispiel die Bemerkung eines Kollegen oder des Chefs, unverhältnismäßig stark reagieren. Für Außenstehende machen wir aus einer Mücke einen Elefanten. Um zu erkennen, ob Sie getriggert werden, empfiehlt Chade-Meng Tan, der bei Google das Achtsamkeitsprogramm *Search Inside Yourself* sehr erfolgreich initiiert hat, Ihre Selbstwahrnehmung auf die folgenden Aspekte zu richten (Tan 2013, S. 116):

- Körper: flache Atmung, schneller Herzschlag, Magengrummeln
- Emotionen: Sie sind entweder starr oder reagieren stark emotional (Kämpfen – oder – Fliehen Modus)
- Gedanken: Sie fühlen sich als Opfer, Sie verurteilen und machen Schuldzuweisungen, sie können sich nur schwer konzentrieren

Drei Strategien helfen, in bestimmten Situationen nicht zum Spielball von Triggern zu werden. *Erstens* ist es wichtig Zeit zu gewinnen, damit das „langsam denkende" Gehirn seine Arbeit machen kann. Ein *zweiter* Schlüssel für mehr Gelassenheit ist die Trennung von Wahrnehmung und Bewertung. Sie erinnern sich, Emotionen entstehen durch unsere Bewertung von Tatsachen. Wenn wir uns bewusst machen, wann und wie wir beurteilen, dann können wir entweder eine uns stressende Bewertung durch eine hilfreichere ersetzen, oder wir lösen uns von der Bewertung. Die Praxis des Loslassens ist die *dritte*, äußerst wichtige Kompetenz für die emotionale Selbstregulierung. Zwar ist es nicht möglich, einen unangenehmen oder hinderlichen Gedanken am Entstehen zu hindern – das gelingt noch nicht einmal dem Dalai Lama. Aber wir können üben, uns von einem Gedanken zu lösen, sobald wir seine Entstehung wahrnehmen. Ein hochtrainiertes Gehirn wie das des Dalai Lama kann den Gedanken in dem Moment gehenlassen, in dem er entsteht.

Loslassen oder nicht-Anhaften, das Nicht-kontrollieren-wollen von Gedanken, Menschen und Ergebnissen, ist ein yogisches Prinzip (der äußeren Disziplin: *aparighraha*) und eine der Grundlagen meditativer Praxis. Wer den Gedanken anhaftet, kann das Geplapper im Kopf nicht stoppen. Mit den häufig synchronisierten Körper- und Atemübungen können wir auf das Hier und Jetzt fokussieren. Mit dieser mentalen Trainingsmethode üben wir das Loslassen der Gedanken, die sich mit der Vergangenheit oder der Zukunft beschäftigen.

Auf die drei beschriebenen Wege steuern Sie Ihre Emotionen wirkungsvoll vom Gehirn her. Sie können sich zusätzlich das Phänomen des Embodiment zunutze machen und Ihre Emotionen vom Körper aus regulieren. So wie Sie es weiter vorne getan haben, als Sie die Mundwinkel hochzogen. In Stresssituationen ziehen wir unwillkürlich den Kopf an und spannen die Nackenmuskulatur an. Deswegen haben wir bei Stress verspannte Nackenmuskeln. Der Kopf wird dann nicht mehr leicht und frei auf der Wirbelsäule getragen. Man schließt sich selbst ab und steht nicht offen im Raum. Wenn Sie sich dagegen, stehend oder sitzend, aufrichten und gleichzeitig Ihre Schultern entspannt halten, eben Loslassen, nehmen Sie vermutlich eine größere innere Ruhe wahr, es steigt Ihre Präsenz. Dauerhafte Gelassenheit verlangt regelmäßige körperliche Regeneration (Ernährung, Schlafen, Bewegung), bei der wir auf unsere Energie und unseren Rhythmus achten.

Die achtsame Wahrnehmung von Atmung, Körper und Emotionen ist außerordentlich hilfreich bei der emotionalen Selbststeuerung. Diese Fertigkeiten der Achtsamkeit werden im Yoga systematisch geübt, ebenso das Loslassen. Yoga fördert die Gelassenheit nicht nur auf mentaler, psychologischer Ebene. Mit Yoga kann auch ein physiologischer Ruhezustand herbeigeführt werden. Schon einfache Übungen verringern Herzschlag, Atmungsfrequenz, Sauerstoffverbrauch und Blutdruck. Regelmäßige Praxis senkt die Ruheenergie um mehr als 10 %. Bei der Yoga-Vollatmung wird die Atmungsrate halbiert, was zu einer Verstärkung der inneren Gelassenheit führt (Broad 2013, S. 149–151). Die beruhigende Wirkung der langsamen und vertieften Atmung ist ein wichtiges Element der meisten Entspannungsverfahren, wie etwa des Achtsamkeitstrainings nach John Kabat-Zinn (Mindfulnes Based Stress Reduction).

Rhythmische Abläufe, in denen beispielsweise Bewegungen mit dem Ein- und Ausatmen synchronisiert werden, (z. B. beim Sonnengruß) entspannen laut dem Hirnforscher Prof. Hüther das Gehirn. Die starken Erregungsmuster, die sich im Verlaufe eines stressigen Berufsalltags im Kortex zeigen, können beruhigt und ausgeglichen werden (Trökes und Knothe 2010, S. 242).

*Zu dieser Übung können Sie greifen, wenn Sie sich sehr angespannt fühlen und schnell Dampf ablassen möchten. [s. **VIDEO 4,** https://youtu.be/2dFst_3RJMo]*

> **Übung 5: Gelassenheit stärken – Werfen Sie den Stress weg**
>
> Kommen Sie in die aufrechte Sitzposition. Nehmen Sie einige Atemzüge. Atmen Sie während der gesamten Übung durch die Nase, wenn Ihnen das möglich ist.
>
> Legen Sie die Hände auf den Knien ab. Die Handflächen zeigen nach oben, als würden Sie etwas auf Ihren Händen tragen. Die Arme sind gestreckt, die Ellbogen sind möglichst durchgedrückt. Atmen Sie zunächst gut ein. Beim Ausatmen heben Sie die Arme, mit ihnen eine unsichtbare Last, und werfen Sie sie schwungvoll hinter sich. Atmen Sie ein und bringen die Arme wieder zurück. Führen Sie diese Bewegung intensiv für 2–3 min fort, atmen Sie dabei kräftig.
>
> Nach Beendigung der Übung lassen Sie Ihren Atem für einige Atemzüge zur Ruhe kommen.
>
> Sie unterstützen Ihre Konzentration, wenn Sie Ihre Augen für die Dauer der Übung geschlossen halten.

4.4 Konzentration: die Aufmerksamkeit bewusst steuern

Wie häufig arbeiten Sie mindestens 30 min ohne irgendeine Unterbrechung an einer Aufgabe? Wie oft erleben Sie in Ihrem Arbeitsumfeld das Phänomen des „Flow", in dem Sie längere Zeit tief in einer Tätigkeit versunken sind? Volle Aufmerksamkeit ist eine Voraussetzung für Flow. Im heutigen Arbeitsleben ist es indes eine echte Herausforderung, die Aufmerksamkeit zu halten und dorthin zu lenken, wo sie gerade gebraucht wird. Ständige Unterbrechungen gehören zu unserer Arbeitsroutine.

Im Streben nach Effizienz und Geschwindigkeit im Arbeitsleben haben wir das Multitasking entdeckt. Schade nur, dass Multitasking bei anspruchsvollen Aufgaben nicht funktioniert. Versuchen Sie einmal, eine komplexe Berechnung durchführen und dabei gleichzeitig Ihr Smartphone im Auge zu behalten. Unser Gehirn, das männliche genau wie das weibliche, und auch das junger Menschen, ist nämlich auf sequenzielle Aufmerksamkeit ausgerichtet. Multitasking ist im Grunde eine dauerhafte Teil-Aufmerksamkeit. Nicht nur viele Führungskräfte, ja ganze Organisationen leiden am Aufmerksamkeits-Defizit-Syndrom. Daniel Goleman hält aber die Konzentration für eine zentrale Erfolgskompetenz von Führungskräften (Goleman 2014).

Unser Gehirn ist nicht in der Lage, alle Reize, die gleichzeitig auf uns einströmen, zu verarbeiten. Für ein geordnetes Handeln benötigen wir Aufmerksamkeit: Die Fähigkeit, aus dem sensorischen Reizüberangebot der Umwelt einzelne Reize auszuwählen und bevorzugt zu betrachten, andere zu umgehen und zu unterdrücken. Konzentration ist die willentliche Lenkung der Aufmerksamkeit auf eng umschriebene Gegenstände. Wir können unsere Konzentration trainieren wie einen Muskel. Dazu müssen wir lernen, die grundsätzlich begrenzte Kapazität unserer Aufmerksamkeit möglichst effizient zu nutzen. Es geht darum mit zwei Arten von Ablenkungen umgehen, den sensorischen und den emotionalen. Emotionalen Ablenkungen zu begegnen ist besonders herausfordernd. Langeweile zum Beispiel ist ein zuverlässiger Konzentrationskiller – wer kennt nicht das Phänomen des „Tod durch Powerpoint"? Emotionen wie Sorgen, Ärger oder Angst verursachen Stressreaktionen und beeinträchtigen unsere mentale Kontrolle. Wir vergessen dann zum Beispiel Namen von Personen, die wir gut kennen. Emotionen verringern also unsere Aufmerksamkeit. Umgekehrt unterdrückt volle Konzentration die Emotionen, bringt die inneren Stimmen zum Schweigen. Eine Erfahrung, die wir im Flow und bei jeder Meditation machen können (Goleman 2014, S. 168–175).

Der erste Schritt für ein wirksames Aufmerksamkeitsmanagement ist, dass wir wahrnehmen, wo unsere Aufmerksamkeit *jetzt* ist und wie sie bedroht wird. Zum Beispiel durch Emotionen, Multitasking oder ständige Unterbrechungen. Danach können wir Schritte unternehmen, damit der Fokus erneuert wird, um mit voller Kraft zu arbeiten

Zur Stärkung der Konzentration gehören Pausen. Sehr starke Fokussierung ermüdet, wie ein überbeanspruchter Muskel. Der Konzentrationsmuskel lässt sich besonders gut ausruhen, wenn wir unsere volle Aufmerksamkeit auf etwas Entspannendes richten, wie die im Yoga gebräuchliche Fokussierung auf die Atmung oder ein Mantra. Nicht nur wegen dieses „Pauseneffekts" ist Yoga eine sehr hilfreiche Methode, die Konzentration zu verbessern. Auch Gelassenheit steigert unsere Konzentrationskompetenz. In der Yogapraxis wird ferner die Steuerung der Aufmerksamkeit trainiert. Ständig gilt es, die Aufmerksamkeit zu lenken, auf den Körper, den Geist oder die Atmung, nach innen oder nach außen.

Physiologisch betrachtet verbessert Yoga das Hormonprofil erheblich, unter anderem durch die Revitalisierung der endokrinen Drüsen, die zu einem Testosteronanstieg im Blut führt. Testosteron stärkt die Aufmerksamkeit, das Erinnerungsvermögen und das räumliche Vorstellungsvermögen (Broad 2013, S. 247).

4.5 Intuition: mit Kopf und Bauch entscheiden

Die Intuition ist das beste Hilfsmittel bei schnellen und komplexen Entscheidungen. Das belegen zahlreiche Fakten, die Entscheidungsforscher, Neurowissenschaftler und Psychologen mittlerweile zusammengetragen haben. Für den Psychologen

Gerd Gigerenzer sind daher gute Intuitionen für eine Führungskraft unabdingbar. Der Begriff „Intuition", landläufig auch „Bauchgefühl" genannt, bezeichnet laut Gigerenzer ein Urteil, das (Gigerenzer und Gaismeier 2012):

- rasch im Bewusstsein auftaucht,
- dessen tiefere Gründe uns nicht ganz bewusst sind, und
- stark genug ist, um danach zu handeln.

Die Intuition beruht auf dem Erfahrungsschatz, den wir im Laufe unseres Lebens erworben haben. Auf Grundlage unserer Erfahrungen bewertet unser schnelldenkendes Gehirnnetzwerk jeden aktuellen Sachverhalt und kommt weit schneller zu einem Urteil, als dies durch eine rationale und bewusste Bearbeitung der Sachlage möglich wäre. Die von den Wissenschaftlern als *„adaptives Unbewusstes"* bezeichnete Intuition können wir uns als eine Art Supercomputer vorstellen, der schnell und unbemerkt all die Unmengen von Daten verarbeitet, die auf uns einströmen. Die wesentlichen Merkmale einer Situation werden blitzschnell erfasst und ausgewertet. Diese Funktionalität des Gehirns ermöglicht uns zum Beispiel, blitzschnell auszuweichen, wenn wir als Fußgänger in der Stadt einen Radfahrer auf uns zurasen sehen.

Bei der Stärkung der intuitiven Fähigkeiten geht es nicht darum, die Ratio auszuschalten und sich die Konsequenzen des Handelns nicht bewusst zu machen. Die Kunst besteht vielmehr darin, in bestimmten Situationen, und wenn genügend Erfahrung in einem Sachverhalt vorhanden ist, eine Balance zwischen Intuition und Ratio zuzulassen.

Dazu der Hirnwissenschaftler Prof. Roth: *„Rationale Entscheidungen haben große Nachteile: Zum einen kosten sie häufig viel Zeit und Nerven, zum zweiten sind sie für Situationen und Probleme größerer Komplexität und Tragweite ungeeignet und führen dann selten zu guten Ergebnissen"* (Roth 2014, S. 42–45). Bei Entscheidungen in komplexen Problemsituationen fahren Sie laut Prof. Roth am besten, wenn Sie dem Nachdenken nur eine begrenzte Zeit opfern. Verlieren Sie sich dabei nicht im Nebensächlichen. Dann sollten Sie nicht mehr nachdenken, sondern die Sache überschlafen oder etwas ganz anderes tun und bei einem neuen Entscheidungstermin einen Tag später mehr oder weniger spontan entscheiden.

Die intuitive Bewertung von Sachverhalten, ob zum Beispiel die zu treffende Entscheidung eine gute ist, meldet sich im Führungsalltag oftmals über körperliche Signale. Stellen wir uns verschiedene Handlungsalternativen vor, bekommen wir etwa ein mulmiges Gefühl im Magen oder ein angenehmes Kribbeln im Bauch. Um unsere intuitiven Fähigkeiten zu verbessern gilt es zunächst einmal, den oft verloren gegangenen Zugang zum Bauchgefühl wiederzufinden und wahrzunehmen wie man sich fühlt. Dabei ist uns Achtsamkeit sehr nützlich, sie ist das Fundament der Professionalisierung der Intuition. Es ist darüber hinaus wichtig, den inneren Bildern und Stimmen des Unbewussten Raum zu geben. Ein intuitionsförderndes Umfeld erlaubt Auszeiten und Momente der entspannten Ruhe. Dies kann beispielsweise im Halbschlaf oder während eines Spaziergangs geschehen, oder bei der Meditation (Zeuch 2010).

Führungskräfte, die in Selbstwahrnehmung und Gelassenheit geschult sind haben beste Voraussetzungen, gute intuitive Entscheidungen zu treffen. Die Yogapraxis kann hierbei sehr gut unterstützen, besonders durch achtsame Körperwahrnehmung und Meditation. Nach yogischer Vorstellung erfolgt die Entwicklung von Intuition durch das Üben von Konzentration, Meditation und tiefer Versenkung. Yogi Bhajan, der den populären Kundalini Yoga während der 60er Jahre in den Westen brachte, nannte *„Intuition die Schlüsselfähigkeit für das 21. Jahrhundert"*.

4.6 Mut: Agieren jenseits der Komfortzone

Mutig zu entscheiden und zu handeln ist eine unternehmerische Kardinaltugend. Die Unternehmerlegende Walt Disney hat Mut – neben Neugier, Zuversicht und Beharrlichkeit – als eines von vier Prinzipien erfolgreichen Unternehmertums formuliert (Holm-Hadulla 2010). Burkhard Schwenker, ehemals Chef der Unternehmensberatung Roland Berger, moniert demgegenüber, in den Unternehmen und Führungsetagen dominiere eine Kultur des Ja-Sagens (Schwenker 2013).

Was ist eigentlich Mut? *„Mut ist die Fähigkeit, in einer als gefährlich und riskant empfundenen Situation seine Angst zu überwinden"*, sagt der Duden. Mut bedeutet also nicht keine Angst zu haben, sondern trotz Angst zu handeln. Wenn wir mutig agieren, verlassen wir unsere Komfortzone und gehen den Schritt ins Unbekannte. Angst ist eine emotionale Stressreaktion, die in entwicklungsgeschichtlich sehr alten Hirnregionen, dem sogenannten Reptilienhirn, entsteht. Angstüberwindung stellt daher eine große Herausforderung dar.

Es gibt eine Vielzahl typischer Führungssituationen, in denen eine mutige Haltung gefragt ist. Drei davon kommen im Führungsalltag besonders häufig vor:

- **Klarheit schaffen: sagen, wofür ich stehe, und wofür nicht, besonders wenn „Verluste" drohen.** Eine der Klarheit verpflichtete Haltung ist in vielen Führungssituationen gefragt, wenn es etwa darum geht Konflikte austragen, Verbindlichkeit herzustellen oder Rechenschaft zu fordern (Lencioni 2013).
- **Die Entstehung und Verbreitung von Heldengeschichten verhindern.** Lernen braucht Mut zur Reflexion, zur Führung ohne Selbstbetrug („Let's face it").
- **Schlechte Nachrichten übermitteln, die Wahrheit sagen.** Eine der größten Mutproben für Führungskräfte ist es, den Mitarbeitenden, Kunden oder Investoren das zu sagen, was sie nicht hören wollen. Sehr oft wird in solchen Situationen die "Salamitaktik" angewendet.

Aus Angst vor emotionalem Schmerz oder Unlust, die beispielsweise mit den oben aufgeführten Führungssituationen verbunden sein können, werden ausgeklügelte Vermeidungsstrategien entwickelt. Psychologen gehen in zwei Schritten vor, um Menschen den Umgang mit Angstsituationen ermöglichen und Mut freizusetzen (van der Horst u. Pauli 2014).

- Sich der Angst stellen, sich mit dem eigenen Angst- und Denksystem konfrontieren, um zu einer realistischen Selbsteinschätzung zu gelangen. Oft sind unsere Bewertungen übertrieben.
- In kleinen Schritten positive Erfahrungen im Umgang mit dem Angstauslöser machen. Dadurch werden Anker geschaffen, an die wir uns erinnern können, wenn die Angst kommt.

Eine regelmäßige Yogapraxis führt generell zu weniger Angst. Dies zeigen wissenschaftliche Studien, etwa der Harvard-Universität (Broad 2013, S. 152–159). Offenbar lernen Yogaübende eine adäquate Bewältigungsstrategie für ihre individuellen Ängste. Besonders bei herausfordernden Körperübungen oder Meditationen kommt es darauf an, sich mentalen Blockaden zu stellen und schrittweise positive Erfahrungen zu machen. Mutfördernd wirkt oft auch die Erfahrung, sich selbst in einem Raum auszuprobieren, in dem der Wettbewerbsgedanke keinen Platz hat. Stark leistungsorientierte Menschen, die sich dem „Gut-Machen" sehr verpflichtet fühlen, müssen allerdings die Freude am Ausprobieren meist erst wieder lernen. Die Yogapraxis, eigentlich jede Übungsstunde, wirkt noch aus einem anderen Grund als „Mutwerkstatt": Häufigen Angstauslösern in der Führung wird mit mentalen und körperlichen Mutmachern begegnet. Yoga fördert, wie in Kap. 4.1 erläutert, die Selbstwahrnehmung und damit das Selbstvertrauen. Mit starkem Selbstvertrauen ausgestattete Führungskräfte sind weniger anfällig für Versagens- und Konfliktängste. Das Üben in Gelassenheit kann den Umgang mit einem (befürchteten) Karriereknick erleichtern. In der Meditation können zudem starke Gefühle der Verbundenheit, z. B. mit anderen Menschen, oder der Natur, oder dem Großen Ganzen, entstehen. Dies ein wirksames Mittel gegen die Angst, Ausgeschlossen zu sein. Schließlich verbessert Yoga die Körperhaltung: Wer eine selbstbewusste Körperhaltung annimmt, fühlt sich automatisch mutiger.

4.7   Kreativität: Führen und Handeln mit starkem Kreativvertrauen

Kreative Menschen besitzen die Fähigkeit, etwas Neues zu schaffen, sei es eine Problemlösung, eine Entdeckung, Erfindung oder neues Produkt. Kreative Energie ist eine der kostbarsten Ressourcen von Unternehmen. In zahlreichen Unternehmen wird großer Wert auf Konzepte und Prozesse für ein funktionsfähiges Innovationsmanagement gelegt. Der Blick auf den Menschen wird oft wenig beachtet, aber darin liegt das größte Potenzial für mehr Innovation. Kreativität ist eine Fertigkeit, die man aufbauen und trainieren kann (Kelley und Kelley 2013).

Viele bekannte Künstler und Kreative in aller Welt praktizieren Yoga. Es gibt zahlreiche Erfahrungsberichte der *creative class* (Florida 2002) über die inspirierende Kraft des *„Zur-Ruhe-Kommen des Geistes"*. Besonders faszinierend sind die wissenschaftlichen Hinweise auf die Beziehung zwischen Yoga und Kreativität, die in den letzten 20 Jahren ans Licht kamen. Wenngleich die Befunde noch relativ bescheiden sind, weil Kreativität ein sehr komplexes, von der Wissenschaft noch nicht vollständig verstandenes Phänomen, ist. Offenbar befördert regelmäßige Yogapraxis zentrale Mechanismen für das Entstehen von Kreativität. Drei Faktoren sind besonders wichtig, um die kreative Energie bei Menschen zu stärken (Kelley und Kelley 2013, S. 106):

- Kreativvertrauen aufbauen
- Nutzung des gesamten Gehirns
- Eine ruhige mentale Verfasstheit herstellen

Aufbau von Kreativvertrauen Der erste und wichtigste Schritt zum Aufbau kreativer Fertigkeiten ist der Glaube an sich selbst, an die eigenen kreativen Ressourcen. Selbstsicherheit, die Zuversicht in die eigene Kreativität, bildet den Kern der Innovationsfähigkeit. Leider ist dieser schöpferische Grundoptimismus vielen Menschen im Laufe ihres Lebens abhanden gekommen. Sie können sich an ihre „Kreativitätswunden" erinnern. Dies sind Momente in denen ihnen gesagt wurde sie hätten kein Talent zu musizieren, zu zeichnen oder zu singen. Als Erwachsene machen wir uns dann zu viel Gedanken, ob wir anderen gefallen, was diese von uns denken. Um zu vermeiden, dumm dazustehen, machen wir lieber gar nichts (Kelley und Kelley 2013, S. 17–53). Sie kennen das vermutlich: wer geht als erstes zum Flipchart, um seine Idee zu verbildlichen? Wer verunsichert ist, kann nicht sein Bestes geben.

David und Tom Kelley, Gründer der berühmten Innovationsberatung IDEO, haben *Design Thinking* entwickelt. Dies ist eine Methode, die Menschen helfen soll, ihr kreatives Potenzial zu entfalten. Im Kern geht es darum, das Kreativvertrauen der Teilnehmer durch positive Erfahrungen zu stärken, damit sie sich selbst die Einnahme einer neuen, nicht limitierenden Einschätzung Ihrer Gestaltungsmöglichkeiten zu erlauben. Im Verlaufe des Design Thinking Prozesses überwinden die Menschen in kleinen Schritten die Ängste, die ihre Kreativität blockieren, vor allem die Angst vor Zurückweisung und Misserfolg. Sie bauen sukzessive Mut zur Kreativität auf. Firmen wie Apple, Google und SAP nehmen diese Trainings bereits seit vielen Jahren in Anspruch.

Nutzung des gesamten Gehirns Folgt man der neurowissenschaftlichen und psychologischen Sichtweise, dann kann Kreativität als ein mehrphasiger Prozess verstanden werden. Er reicht von der ersten Einsicht über die Datengewinnung (Saturation), das „Ausbrüten" (Inkubation) und den kreativen Durchbruch (Illumination) bis zur Überprüfung und Bestätigung (Verifikation). In diesen verschiedenen Phasen des kreativen Prozesses sind nicht nur intellektuelle und analytische Kompetenzen gefragt, in denen viele Führungskräfte gut trainiert sind und die bestimmten Arealen im Großhirn zugeordnet werden können. In die für die Kreativität kritischen Phasen der ersten Einsicht, Inkubation sowie Illumination ist vor allem der Assoziationskortex involviert. Dies sind zum Teil weit auseinander liegende Areale der Großhirnrinde, die Mustererkennung, integratives Denken, Rationalität und Intuition gewährleisten (Holm-Hadulla 2010, S. 49). Stark vereinfacht betrachtet ist in den Phasen „Erste Einsicht", „Inkubation" und „Illumination" eher die rechte Gehirnhälfte gefordert, während in den anderen Phasen stärker die linke, mehr für die Analytik zuständige, Gehirnhälfte beansprucht wird. Wie eine Fülle von wissenschaftlichen Beweisen zeigt, können Yoga und Meditation die rechte Gehirnhälfte aktivieren und das Gleichgewicht zwischen den Gehirnhälften in Richtung einer stärkeren künstlerischen Einstellung verschieben (Broad 2013, S. 294–299).

Ein ruhige mentale Verfasstheit herstellen Für die Kreativitätsspezialisten David und Tom Kelley ist die Herstellung innerer Ruhe ein zentraler Schritt, um den kreativen Funken zu entfachen. Sie empfehlen wir sollten uns in „entspannte Aufmerksamkeit", ähnlich dem Tagträumen, versetzen. *„Das Problem oder die Aufgabe sind in Ihrem Hirn präsent, kochen aber nicht auf höchster Flamme"* (Kelley und Kelley 2013, S. 106). Die Hirnforschung stützt diese Empfehlung. Sie konnte nachweisen, dass die Aktivität des Assoziationskortex im ruhigen ungerichteten Denken am aktivsten ist. Die Bereitschaft, das Kreative geschehen zu lassen, bezeichnet der Psychotherapeut Holm – Hadulla als „gelassene Achtsamkeit". Für produktive Menschen sei Achtsamkeit auf das bei der alltäglichen Arbeit Entstehende wichtiger als das Erlernen instrumenteller Kreativitätstechniken (Holm-Hadulla 2010, S. 58). Mittels Yogapraxis kann die kreativitätsfördernde entspannte Achtsamkeit auf mehreren Wegen hergestellt werden. Sie ist eine Tiefendimension des Bewusstseins, die mit Meditation erreicht werden kann. Auch während der Phase der tiefen Entspannung in einer Yogastunde (Shavasana) wird diese mentale Verfassung angestrebt. Generell wirkt die Yogapraxis, die achtsame Körper- und Atemübungen sowie (Achtsamkeits-) Meditation umfasst, biochemisch so beruhigend wie Alkohol – nur mit weniger unerwünschten Nebenwirkungen (Broad 2013, S. 293).

4.8 Willenskraft: mit Selbstdisziplin die Dinge bewegen

Zählen Sie Selbstdisziplin zu Ihren persönlichen Stärken? Falls nicht mag es Sie trösten, dass Sie nicht alleine sind. Fehlende Selbstdisziplin betrachten sehr viele Menschen als ihre Schwäche. Um anspruchsvolle Ziele zu erreichen, um als Führungskraft weiterzukommen, zumal ganz nach oben, ist jedoch ein hohes Maß an Willenskraft unverzichtbar. Wie eine aktuelle Studie zeigt, ist Willenskraft genauso wichtig für finanziellen Erfolg und Gesundheit wie der IQ, die soziale Herkunft und der Wohlstand der Herkunftsfamilie. Auf der Willenskraft beruhen (Selbst-) Disziplin und Durchhaltevermögen (Baumeister und Tierney 2012). An einem Vorhaben dranzubleiben ist in der heutigen Zeit, mit ihren vielen Optionen, Ablenkungen und Unsicherheiten, eine echte Herausforderung, nicht nur für Führungskräfte.

Wie wir in Kap. 2 gesehen haben, ist das Fördern von Eigenverantwortung eine zentrale Anforderung an gute, das Engagement fördernde Führung. Mit zunehmender Selbstbestimmung steigt indes auch die Anforderung an die Selbstdisziplin. Entgrenzte, stark flexibilisierte Arbeitsverhältnisse durch Telearbeit, Mobiles Arbeiten, etc. stellen uns vor große Herausforderungen, wenn es darum geht bei uns selbst zu bleiben, dem eigenen Rhythmus und der eigenen Energie zu folgen.

Willenskraft ist die innere Stärke, die uns in die Lage versetzt, unser Verhalten zu steuern, um Widerständen entgegenzutreten und Ablenkungen zu widerstehen, bis die Aufgabe erledigt ist. Besonders viel Willenskraft oder Steuerungsenergie benötigen wir für das Initiieren von neuem Verhalten. Haben wir bei einem Verhalten erst einmal Routine, wie beim Zähneputzen, dann ist nur noch wenig Willenskraft nötig, um diszipliniert zu sein. Die Willenskraft ist, so der aktuelle Stand der Forschung, teilweise erblich. Trotzdem können wir sie schulen. Der Psychologe Roy Baumeister gibt dafür eine Reihe praktischer Hinweise: Er empfiehlt die Formulierung einer klaren Zielsetzung, Ergebniskontrolle sowie soziale Unterstützung. Zwei Grundprinzipien muss der erfolgreiche Aufbau von Willenskraft indes immer Rechnung tragen, so Baumeister: Wir benutzen dieselbe Willenskraft für alle möglichen Aufgaben. Alleine zwanzig Prozent jedes Tages (ca. drei bis vier Stunden) verbringen wir damit, Versuchungen zu widerstehen. Wir gebrauchen den Willen um Entscheidungen zu treffen, aber auch um unsere Gedanken, Gefühle und Handlungen zu kontrollieren. Die Willenskraft ist begrenzt, sie wird deshalb bei Benutzung geschwächt und kann ermüden. Wenn wir unsere Willenskraft ausgeschöpft haben, indem wir etwa viele Entscheidungen getroffen haben, dann schwindet unsere Fähigkeit zur Kontrolle unserer Handlungen (Baumeister und Tierney 2012, S. 109–119).

Es gibt einen Zusammenhang zwischen Selbstdisziplin und Blutzuckerspiegel. Der Wille braucht Glucose. Wo keine Glucose ist, da ist auch kein Wille. Umgekehrt kann Glucose das Gehirn beleben. Mit unserer Ernährung beeinflussen wir also ganz direkt unsere Willenskraft. Wissenschaftler raten zu einem stabilen, stetigen Niveau des Blutzuckerspiegels, das zum Beispiel durch Vollwertprodukte, Früchte und Gemüse gewährleistet wird. Die Forscher entdeckten außerdem die starke positive Wirkung von körperlicher Regeneration, insbesondere Schlaf, auf die Willensstärke. Roy Baumeister fasst die Ergebnisse dieser ganzheitlichen Betrachtung wie folgt zusammen: *„Ihre Disziplin ist am effektivsten, wenn Sie sich um Ihre körperlichen Bedürfnisse kümmern, sich gesund ernähren und ausreichend schlafen"* (Baumeister und Tierney 2012, S. 289). Nur ein ausgeruhter Wille sei ein starker Wille.

Yoga fördert die Willenskraft auf mindestens drei Weisen. *Erstens* durch die Stärkung der Achtsamkeit für unser mentales und körperliches Befinden. Es ist wichtig, den Status der Willenskraft wahrzunehmen, um sie gut steuern zu können. Oft fehlt uns zum Beispiel das Gespür, wie ermüdend Entscheiden ist. Aber nur wenn wir dies erkennen, können wir gegensteuern, zum Beispiel mit adäquater Ernährung oder Pausen. Je feinfühliger wir die Signale unseres Körpers wahrnehmen, desto leichter fällt uns die körperliche Regeneration die nötig ist, um mit Willenskraft, Energie und Rhythmus zu führen und zu arbeiten. Die körperlichen Übungen versorgen im Übrigen das Gehirn besser mit Glukose, dem physiologischen Brennstoff der Willenskraft. *Zweitens* ist die Übung der Konzentration eine große Hilfe zur Stärkung des Willens. Willenskraft und Fokussierung sind eng miteinander verwoben. Wie gut wir die strategische Allokation der Aufmerksamkeit beherrschen, ist eine Frage der Willenskraft (Goleman 2014, S. 79). Hirnwissenschaftler entdeckten, dass die Meditation zwei Hirnregionen aktiviert, die bei der Selbstregulation und Kontrolle der Aufmerksamkeit eine entscheidende Rolle spielen. Daher schlagen Psychologen Meditation (und Gebet) als Training zur Selbstdisziplin vor (Baumeister und Tierney 2012, S. 209). *Drittens* können mithilfe der Asanas (Körperübungen) Handlungsmuster erfahren und erlernt werden, die eine entspannte und aufrechte Haltung ermöglichen. Wie Psychologen und Hirnforscher herausfanden, bleiben Menschen mit einer solchen Haltung länger an anspruchsvollen und herausfordernden Aufgaben dran. Sie lassen sich nicht so schnell aus dem Konzept bringen oder gar entmutigen.

Yoga kann also Führungskräfte bei der Entwicklung wichtiger Kompetenzen der Selbstführung unterstützen – mit Selbstwahrnehmung als Schlüsselkompetenz. Die effektive Selbstführung ist die Voraussetzung, um gelingende Führungsbeziehungen aufzubauen und aufrechtzuerhalten.

Gute Führung beruht auf der Beziehung aller Beteiligten. Führungsstärke ist keine Eigenschaft einer Person, sondern beschreibt die Qualität einer Beziehung (Eidenschink 2013). *Gelingende Führungsbeziehungen* erreichen und bewegen andere.

4.9 Empathie: Erkennen, was für andere von Bedeutung ist

Die Situation war schwierig. Jahrelang hatte das Unternehmen Verluste eingefahren und stand nun vor der Insolvenz. Es musste gehandelt werden. Fast zweihundert Entlassungen würden unvermeidlich sein, um das mittelständische Unternehmen zu retten. Das hatten gründliche Analysen unseres Beraterteams ergeben. Wir waren engagiert worden, um den Kunden dabei zu unterstützen, Wege aus der Krise zu finden. Der neue CEO war nicht zu beneiden. Beeindruckend indes, wie er sich seiner Aufgabe stellte. Entgegen anderer Stimmen in der Geschäftsführung sorgte er dafür, dass die „Salamitaktik", das scheibchenweise Herausrücken mit der Wahrheit, keine Chance hatte. Stattdessen wurden die harten Konsequenzen früh mit dem Betriebsrat und danach mit den Mitarbeitenden besprochen. Bei der Suche nach Lösungen war ich immer wieder fasziniert, wie gut sich der CEO in die Lage der von der Entlassung Betroffenen hineinzuversetzen vermochte. In jedem Gespräch wurde echtes Verständnis für die Situation des Einzelnen deutlich und stets war die Absicht erkennbar, dieser Situation bei der Suche nach Lösungen Rechnung zu tragen. „Eine Organisation hat ein Gedächtnis", so die Erfahrung des CEO. Wie die Entlassungen abliefen sei nicht nur für jene von Bedeutung, die gehen müssten, sondern auch für alle, die blieben. Nicht in jedem Fall wurde eine zufriedenstellende Lösung gefunden. Aber die Menschen erkannten an, dass alles versucht worden war, ihren Bedürfnissen gerecht zu werden. Letztlich fand selbst der Betriebsrat lobende Worte für die Art und Weise, wie die Restrukturierung abgelaufen war.

Empathie ist die Fähigkeit, die Emotionen, Bedürfnisse und Zweifel von anderen (z. B. Mitarbeitenden, Kunden, Kooperationspartnern) wahrzunehmen. Empathisch sein bedeutet, unsere vorgefasste Meinung infrage zu stellen und unsere Vorstellung dessen, was richtig und was falsch ist, außen vor zu lassen. Empathie gilt als Kernkompetenz für die Gestaltung von Beziehungen. Bill McDermott, CEO von SAP, hat der Empathie ein ganzes Kapitel seines Buches gewidmet. Seine steile Karriere im Verkauf, die ihn bis an die Spitze des deutschen Softwareunternehmens führte, verdankt McDermott nach eigener Einschätzung seiner Fähigkeit, sich in die Kunden hineinzuversetzen (Mc Dermot 2014).

Meist werden zwei Arten von Empathie unterschieden, die *kognitive und die intuitive Empathie*. Dabei handelt es sich um zwei gänzlich verschiedene Wege, mit anderen umzugehen. Es werden unterschiedliche, nicht überlappende Gehirnnetzwerke aktiviert (Singer und Klimecki 2014, S. R 875). Bei der *kognitiven Empathie* nehmen wir emotionale Signale unseres Gegenübers wahr. Wir nehmen die Perspektive von anderen ein und verstehen auf diese Weise ihre Befindlichkeit, Standpunkte und Werte. Gleichzeitig managen wir unsere eigenen Emotionen. In die kognitive Empathie ist vor allem unser Großhirn involviert. Bei zahlenorientierten

Top-Managern die meinen, nur wenig intuitive Empathie aufbringen zu können, ist kognitive Empathie die Lösung (Leder 2012).

Die eher automatische und spontane *intuitive Empathie* lässt uns mit der anderen Person fühlen. Um die Emotionen des anderen in uns zu fühlen, ohne dass wir uns mit dieser Person verwechseln, nutzt unser Gehirn dieselben Regionen wie zur Wahrnehmung der eigenen Emotionen. Die *intuitive oder emotionale Empathie* hat ihre Schattenseite. Während ein Zuviel an *Sich Hineindenken* eher nicht vorstellbar ist, kann das Einfühlen in andere, besonders das *Mit-Leiden*, negativen empathischen Stress verursachen. Es kommt zu einer stark ablehnenden Reaktion auf das Leiden anderer, verbunden mit dem Wunsch, sich der Situation zu entziehen. Dies ist ein Schutz vor übermäßigen negativen Gefühlen, zum Beispiel Traurigkeit (Singer und Klimecki 2014, S. R 875–876). Einfühlsame Gespräche im Rahmen einer Restrukturierung sind typische Situationen, in denen Führungskräfte Gefahr laufen, aus Empathie in Ablehnung zu verfallen.

Um mit Empathie in Situationen, in denen andere leiden, möglichst stressfrei umzugehen, sollten Führungskräfte sich etwas zurückzunehmen, auch Empathie für sich selbst haben. Besonders hilfreich für die Vermeidung von negativem Stress ist die Umwandlung von Empathie in Mitgefühl mithilfe von Meditation. Zwischen Empathie und Mitgefühl gibt es einen wichtigen Unterschied. Bei der Empathie fühlen wir *für* andere, beim Mitgefühl *mit* anderen. Statt Distress und selbstbezogene Emotionen erleben wir positive Gefühle wie Liebe und Emotionen, die auf andere gerichtet sind. Im Rahmen des Projektes *ReSource* der Hirnforscherin Tania Singer, das die Verbesserung der mentalen Gesundheit und sozialer Kompetenzen zum Ziel hat, wird diese Technik der Gefühlssteuerung erfolgreich genutzt. Es werden spezifische Meditationen angeboten, um das Mitgefühl gezielt zu stärken (Singer, *www.resource-project.org*).

Wenn Sie spüren, dass Sie sich am liebsten aus einer Situation, in der Sie zu stark mitleiden, herausziehen möchten, probieren Sie die nachfolgende Meditation aus. Die Meditation dauert nicht länger als fünf Minuten. Die Meditation hilft ihnen umso mehr, je öfter Sie sie üben. [s. VIDEO 5, https://youtu.be/On7Hk3KrV0A]

Übung 6: Empathie fördern – Mitfühlen statt Mitleiden
Kommen Sie in eine aufrechte Sitzposition, sitzen Sie entspannt und gleichzeitig aufmerksam. Konzentrieren Sie sich zunächst für einige Atemzüge auf Ihren Atem. Vielleicht achten Sie auf den Brustkorb, wie er sich mit dem Ein- und Ausatmen hebt und senkt.

Führen Sie dann die Meditation in drei Schritten durch.

Schritt eins: Stimmen Sie sich auf ein positives Gefühl ein. Denken Sie an etwas, was Sie gut an sich finden, oder erinnern Sie sich an eine gute

Tat. Falls Ihnen nichts einfallen sollte, dann denken Sie einfach daran, dass Sie gerne glücklich sein möchten. Richten Sie dann ein Gefühl liebvoller Güte auf sich selbst und wiederholen Sie innerlich: „Möge ich glücklich und zufrieden sein."

Gehen Sie erst zum nächsten Schritt über, wenn sich tatsächlich ein positives, wohlwollendes, liebevolles Gefühl Ihnen selbst gegenüber eingestellt hat.

Schritt zwei: Richten Sie das Gefühl liebvoller Güte, das Sie sich selbst gegenüber aufgebaut haben, auf andere Menschen. Stellen Sie sich Menschen vor, die Sie mögen und die Ihnen sehr wichtig ist. Wiederholen Sie in Gedanken: „Mögen [Nennen Sie die Namen der Personen und stellen Sie sich bildlich vor] glücklich und zufrieden sein."

Schritt drei: Erweitern Sie dann den Kreis auf weitere Freunde, auf neutrale Personen und schließlich auf alle Menschen und Lebewesen. „Mögen alle Lebewesen glücklich und zufrieden sein."

Am besten atmen Sie während der Meditation durch die Nase ein und aus und halten Ihre Augen geschlossen.

Empathie basiert auf einigen der Kompetenzen, die wir bereits kennengelernt haben, vor allem auf Selbstwahrnehmung, Konzentration und Gelassenheit. Die yogische Achtsamkeitsschulung, das heißt das aufmerksame, bewertungsfreie Wahrnehmen auf körperlicher, emotionaler und mentaler Ebene, dient beiden Arten von Empathie. Bei der *kognitiven Empathie* benötigen wir eine hohe Beobachtungsfähigkeit und Konzentration, um die Befindlichkeit und Perspektive des Anderen bewusst nachvollziehen. Geschulte Führungskräfte können aus Mimik und Körpersprache auf die innere Verfasstheit Ihres Gegenübers schließen. *Emotionale Empathie* verlangt vor allem ein ausgeprägtes Einfühlungsvermögen. Je besser Sie in Selbstwahrnehmung geübt sind, desto eher sind Sie in der Lage sich in den anderen hineinzufühlen, weil Sie in beiden Fällen dieselben Gehirnregionen aktivieren. Die Feinfühligkeit für andere funktioniert übrigens auch über die Distanz. Unsere Stimme erklärt unseren emotionalen Zustand (Stresslevel) zu mindestens 80 % (Feingold-Technologies, *www.feingoldtech.net*). Wir können also hören wie der andere fühlt.

Besonders gut können Sie beim anderen sein, sei es kognitiv oder intuitiv, wenn Sie neben einer ausgeprägten Selbstwahrnehmung die Fertigkeit erworben haben, gelassen zu bleiben. Empathie kann nicht nur Stress verursachen, Stress vermindert auch unsere Fähigkeit zur Empathie (Goleman 2014, S. 78–79).

4.10 Vertrauen: Glaubwürdigkeit und Stimmigkeit gewährleisten

Bei Kunden, Geschäftspartnern, Investoren und Mitarbeitenden Vertrauen aufzubauen, auszuweiten oder wiederherzustellen, ist eine zentrale, vielleicht sogar die entscheidende Führungskompetenz in unserer komplexen und auf Schnelligkeit ausgerichteten Wirtschaftswelt. Vertrauen ist der Nährboden für gelingende Beziehungen. Was fehlendes Vertrauen ökonomisch bewirken kann wird sehr deutlich, wenn wir uns die weltweite Entwicklung auf den Flughäfen nach 9/11 vor Augen halten. Aufwendige Sicherheitsmaßnahmen und lange Schlangen an den Sicherheitschecks verschlingen enorm viel Zeit und Geld. Auch der kreative Prozess benötigt ein Klima der Offenheit und des Vertrauens. Aus der Marktperspektive betrachtet ist das *„Vertrauen ihrer Kunden „...die härteste Währung für Unternehmen"*, sagt Peter Maas, Management-Professor an der Universität St. Gallen (Maas 2014).

Der Anspruch, eine Vertrauenskultur zu entwickeln, fehlt kaum einmal in Visionen, Leitbildern oder Führungsgrundsätzen. In der Realität tun sich jedoch erstaunlich viele Unternehmen und Institutionen schwer mit dem Aufbau von Vertrauenskompetenz. Es herrscht alles andere als ein vertrauensvolles Klima. Revier- und Silodenken, Eigeninteressen und Machtspiele dominieren den Führungs- und Arbeitsalltag. Oft herrscht ein regelrechtes Klima des Misstrauens, manchmal sogar der Angst.

Laut Stephen M. R. Covey stufen wir eine Person nur dann als vertrauenswürdig ein, wenn wir an ihren Charakter und ihre Kompetenz glauben. Wenn wir einer Führungskraft vertrauen, dann glauben wir an ihren Charakter, das heißt an ihre Integrität und guten Absichten, und an ihre Kompetenz, also an ihre Fähigkeiten und Ergebnisse. Eine integre Haltung legt eine Führungskraft an den Tag, die im Einklang mit den eigenen Werten und Überzeugungen handelt, die das tut was sie sagt und offen Feedback gibt. Mit guten Absichten führen heißt zum einen ehrlich und auf dem festen Willen beruhend, allen Beteiligten Vorteile zu schaffen; zum anderen die wirklichen Absichten offenlegen; und schließlich Informationen teilen und andere an der Problemlösung beteiligen. Glaubwürdige Fähigkeiten besitzt jemand, der über das für eine Aufgabe relevante Know-how verfügt und gut ist in dem was er tut. Und in die Ergebnisse einer Person vertrauen wir, wenn das erreicht wird, was versprochen wurde (Covey 2009).

Das in vielen Unternehmen anzutreffende Vertrauensdefizit ist meist weniger eine Frage der Kompetenz, die in vielerlei Hinsicht geschult wird, als vielmehr eine Frage der Haltung und des Verhaltens der Führungskräfte. Vertrauen kann sich nur einstellen, wenn sich Führungskräfte stimmig und konsistent verhalten (Fehr, *www.fehradvice.com*). Es gibt im Führungsalltag sehr viele *moments of (mis-) trust*, Momente, in denen Vertrauen begünstigt oder zerstört werden kann. Verlorengegangenes Vertrauen können Führungskräfte sogar wiederherstellen, auch wenn das nicht immer einfach ist und oft lange dauert. Der wirkungsvollste Schritt für eine gute, vertrauensorientierte Führung wäre aus meiner Sicht getan, wenn Führungskräfte aufhörten, Vertrauen zu zerstören. Führungskräften mangelt es häufig an systematischer Reflexion und Einsicht darüber, was ihr Verhalten bei Dritten bewirkt. Oft fehlt es am Mut: Auf Seiten der Führungskräfte, wenn es darum geht, sich mit offenen Rückmeldungen zu konfrontieren. Und bei den Kollegen und Mitarbeitenden, die nicht–stimmiges Verhalten nur selten ansprechen. So kommt es, dass bei Führungskräften allzu oft kein Bewusstsein darüber vorhanden ist, wo und wie sie Vertrauen zerstören.

Yoga kann Führungskräften helfen, Vertrauen in sich selbst und bei anderen zu entwickeln. In Patañjalis Yogasutra sind die persönlichen Entwicklungspfade zu einem vertrauensstiftenden Verhalten beschrieben. Integrität und gute Absichten sind als Leitprinzipien yogischen Verhaltens in der äußeren Disziplin enthalten. Die Prinzipien Wahrhaftigkeit *[satya]* und Nicht-Stehlen, keinen Vorteil auf Kosten anderer erlangen *[asteya]*, zielen auf Integrität und Klarheit. Wer nach Wahrhaftigkeit strebt und dem Prinzip von Mitgefühl, Güte und Gewaltlosigkeit *[ahimsa]* folgt, der wird mit guten Absichten führen. Der Yoga belässt es nicht bei Verhaltensprinzipien, er gibt uns auch erprobte Methoden an die Hand, die uns bei der Umsetzung dieser herausfordernden Prinzipien unterstützen.

Regelmäßiges Üben verbessert stetig die (Selbst-) Wahrnehmungs- und Reflexionskompetenz. Führungskräfte mit diesen Fähigkeiten haben es leichter, die *moments of (mis-) trust* zu erkennen und dann Ihr Verhalten in der gewünschten Weise zu steuern. Mit zunehmender Feinfühligkeit für uns selbst steigt auch die Empathie für andere. Es ist eine Quelle einer vertrauensvollen Beziehung, wenn wir erkennen, was für den anderen von Bedeutung ist.

Mit Yoga können Führungskräfte ihren Mut nähren. Die Muterfahrungen, die beim Üben gemacht werden, erleichtern die Ausrichtung des Führungsverhaltens auf den Aufbau von Vertrauen. Eine solche Ausrichtung ist nicht immer einfach, wenn wir etwa an Wahrhaftigkeit (*„ let's face it "*) und Klarheit denken. Mut ist auch nötig, um anderen zu vertrauen und Aufgaben und Verantwortung zu delegieren.

Ein häufiger Grund, anderen nicht vertrauen zu können, ist mangelndes Selbstvertrauen. Die mit fortschreitender Übung steigende Sensitivität bringt einen Prozess der Selbstkorrektur und -einschätzung in Gang, der das Selbstvertrauen stärkt. Auch der Umgang mit ungewohnten Körperhaltungen, die Erkenntnis „ich kann mich halten", stärkt das Selbstvertrauen. Immer wieder machen sich die Übenden mit der Erfahrung vertraut, den Schritt in die Unsicherheit zu wagen. Mit kleinen regelmäßigen Meditationen können Führungskräfte Empathie und Mitgefühl steigern. Eine mitfühlende Haltung macht es leichter, vertrauensförderndes „winwin"–Verhalten an den Tag zu legen.

4.11 Wertschätzung: das Positive im Anderen vorbehaltlos sehen

Laut der *Studie Gute Führung* sehen die Führungskräfte starkes Engagement in Unternehmen eng an eine wertschätzende Führung gekoppelt. Dies deckt sich mit den neuesten neurobiologischen Befunden. Wir Menschen sind demnach nicht primär auf Egoismus und Konkurrenz ausgerichtet, sondern auf Zuwendung und gelingende zwischenmenschliche Beziehungen (Bauer 2008).

Wertschätzung meint eine innere Haltung, in der wir nicht nur anderen, sondern auch uns selbst mit Respekt, Wohlwollen und Anerkennung begegnen. Wertschätzung betrifft einen Menschen als Ganzes, sein Wesen und seine Werte. In der Psychotherapie spricht man von bedingungsloser positiver Wertschätzung. Eine wertschätzende Beziehung am Arbeitsplatz zeigt sich durch Zugewandtheit, Freundlichkeit, Vertrauen und Fairness (Fehr, *www.fehradvice.com*). Wertschätzende Führung meint indes keineswegs immer nur nett zu sein oder „Befindlichkeitsgelaber" (Pörksen 2014), sondern dem anderen etwas respektvoll zuzumuten und ein klares und offenes Feedback geben.

Es gibt eine Reihe von Verhaltensoptionen, um Wertschätzung auszudrücken, wie Lob, Dank oder Worte persönlicher Anerkennung. Aber auch unterstützende Handlungen, miteinander verbrachte Zeit, Geschenke oder körperliche Berührung sind „Sprachen der Wertschätzung", auf die Menschen je nach ihrer individuellen Präferenz positiv reagieren (Chapman und Whitman 2012). Diese Verhaltensweisen sollten allerdings sehr reflektiert eingesetzt werden, denn sie können leicht manipulativ verwendet werden. In der Regel sind Signale der Wertschätzung an die von der Führungskraft erwartete Leistung geknüpft. Es geht dann darum Verhalten in eine Richtung zu steuern, die demjenigen nützt, der zum Beispiel Lob, Dank und Anerkennung ausspricht.

Wertschätzung sollte möglichst unabhängig vom guten Ausfüllen einer Rolle oder Aufgabe sein. Reinhard K. Sprenger plädiert für klare Leistungsvereinbarungen auf der sachlichen Ebene und Wertschätzung auf der persönlichen Ebene. Wertschätzung im Sinne einer bedingungslos positiven Haltung herzustellen ist keine einfache Aufgabe. Denn ein stabiler Selbstwert sowie ausgeprägtes Reflexionsvermögen sind die Grundvoraussetzungen für wertschätzende Führung. Wer glaubt, nicht wertvoll zu sein, ist auch nicht in der Lage, sich selbst und andere wirklich wertzuschätzen. *„Wertschätzung auf der persönlichen Ebene verlangt von den Führungskräften deshalb, den Blick auf sich selbst zu richten"*, schreibt Sprenger (Sprenger 2006).

Wie unterstützt die Yogapraxis Führungskräfte dabei, eine wertschätzende Haltung anzunehmen und konsequent zu leben? Zunächst, Sie ahnen es, durch die Schulung einfühlsamer (Selbst-) Wahrnehmung und damit des Reflexionsvermögens. Mit guter Reflexionskompetenz ausgestattet ist es möglich, die drei wichtigsten blinden Flecken in Sachen Wertschätzung zu beleuchten. *Erstens* ermöglicht die Selbstdistanz, den manipulativen Einsatz wertschätzender Verhaltensweisen bewusst zu erkennen und zu vermeiden. *Zweitens* hilft eine ausgeprägte Wahrnehmungsfähigkeit zu erkennen, welche Sprache der Wertschätzung jeweils angebracht ist. *Drittens* verfügen Führungskräfte mit geübter Achtsamkeit über bessere Möglichkeiten, auf die Wirkung der eigenen Sprache zu achten. Führung ist letztlich Bewusstseinsführung, die über Begriffe und Sprache geschieht. Eine Kultur der Wertschätzung braucht Führungskräfte, die eine gewisse Empfindsamkeit für die Implikation ihrer Sprache aufbringen. Unsere Businesssprache ist voller martialischer Jargons, die häufig Missachtung ausdrücken, wie etwa: *„If you hang him, hang him publicly"*. Hier kann uns die Weisheitslehre Yoga als zur Reflexion dienen, wonach sich in der Sprache Mitgefühl, Güte und Gewaltlosigkeit ausdrücken sollen (Prinzip *[ahimsa]* der äußeren Disziplin). Stellen wir uns kurz vor, was die Auswirkungen auf die Wertschätzung in Organisationen wären, wenn Führungskräfte sich diesem Prinzip stärker verpflichtet fühlten.

Mit der Achtsamkeitspraxis, die das nicht-beurteilende (Selbst-) Beobachten zum Ziel hat, trainieren wir zusätzlich die Akzeptanz, man könnte auch sagen die unbedingte Wertschätzung, gegenüber uns selbst und anderen. Wenn wir uns selbst, die eigenen Stärken und Schwächen, akzeptieren, wenn wir aufhören negativ zu bewerten und schlechte Geschichten über uns selbst zu erzählen, dann stärken wir unseren Selbstwert. Auch Dankbarkeit, in Patañjalis Yogasutren ein Prinzip der inneren Disziplin *[santosha]*, ist ein wirksamer Selbstwertspender. Zugleich wirkt Dankbarkeit ganz direkt auf wertschätzende Führungsbeziehungen. Führungskräfte, die täglich dankbar sein können, drücken gerne Wertschätzung für die Personen in ihrem Umfeld aus.

In Stresssituationen, etwa bei Restrukturierungen, neigen Führungskräfte häufig zu einem Tunnelblick, bei dem die Konzentration nur noch auf dem Ergebnis liegt und die Bedeutung wertschätzender Beziehungen ausgeblendet wird. Mit einer guten emotionalen Selbststeuerung ist es in emotional herausfordernden Führungssituationen eher möglich, den selbstgerichteten Tunnelblick bewusst aufzugeben und offen für wertschätzende Beziehungen zu sein.

4.12 Zuhören: die Welt des anderen zugewandt und neugierig erkunden

Zuhören ist eine kritische Kompetenz für gute, effektive Führung. Führungskräfte verbringen einen erheblichen Teil ihres Arbeitstages in Besprechungen und mit Gesprächen. Laut einer Studie aus dem Jahre 2008 hielten aber nur ca. 17 % der Mitarbeiter ihren Chef für einen wirklich guten Zuhörer (Akademie 2008). Glauben Sie, dass die Befragungsergebnisse heute deutlich besser wären? Die psychologische Forschung zeigt, dass empathisches Zuhören, das ist aktives Zuhören, gepaart mit dem Versuch, Perspektiven und Sichtweisen anderer zu verstehen, eine sehr effektive Form des Zuhörens ist. Empathisches Zuhören ermöglicht Vertrauen und Wertschätzung, begünstigt offenen Informationsaustausch und die Zusammenarbeit.

Empathische Zuhörer beherrschen drei Dinge. Sie sind *erstens* sensibel genug, um sowohl die verbalen als auch die nonverbalen Signale des Gesprächspartners zu erfassen, zum Beispiel Ton, Mimik und Körpersprache. Sie achten auch darauf, was nicht gesagt wird. Sie verstehen *zweitens* das Gemeinte des Gesprochenen, folgen der Konversation und stellen durch das Zusammenfassen und Hervorheben zentraler Aussagen sicher, dass das Gesagte erinnert wird. Sie geben *drittens* den anderen zu verstehen, dass zugehört wurde, sowohl verbal als auch non verbal (Riordan 2014).

Wenn wir aufmerksam und empathisch zuhören, ist unser Hören nicht mehr geprägt davon, unsere eigenen Denkgewohnheiten, Bewertungen und Absichten bestätigt zu sehen. Die Wahrnehmung ist verändert und wir lassen uns ein auf die Welt und die Geschichten des anderen. Wir hören was der andere fühlt. Wirklich empathische Zuhörer tauchen in die Welt des Sprechers ein, ohne Bewertung der Handlungen oder Gefühle.

Führungskräfte können von einer noch tieferen Ebene des Zuhörens agieren, die Otto Scharmer, Leiter des Leadership Lab am MIT, *Generatives Zuhören* nennt (Scharmer 2014). Dazu benötigen sie allerdings eine sehr hohe Aufmerksamkeit und sensible Wahrnehmung. Die Erfahrung mit dieser tiefen Ebene des Zuhörens ist schwer zu beschreiben. Es ist eine Situation, in der wir uns nicht mehr länger in jemanden vor uns einfühlen. Wir befinden uns in einem Zustand höchster Präsenz und Verbundenheit. Wir gewinnen eine Vorstellung darüber, welche zukünftigen Möglichkeiten im Gegenüber und in unserer Beziehung liegen. In der Gruppendynamik wird dieses Phänomen der Verbundenheit Synergie genannt, in der zwischenmenschlichen Kommunikation als Einssein und Flow beschrieben. Spitzensportler kennen dieses Stadium tiefer Konzentration und Achtsamkeit. Bill Russell, einst sehr erfolgreicher amerikanischer Basketballer, gibt uns eine Vorstellung davon, wie es sich anfühlt, wenn jemand im Generativen Modus agiert. *„Das Gefühl ist schwer zu beschreiben, und ich habe natürlich nie darüber gesprochen, solange ich spielte. Wenn es passierte, erreichte mein Spiel ein neues Niveau. Es war fast so, als würde ich in Zeitlupe spielen. In diesen Momenten konnte ich fast spüren, wie sich der nächste Spielzug entwickeln und wo der nächste Wurf hingehen würde“.* (75) Spitzenathleten versuchen durch mentale Vorbereitung in diesen Erfolgsmodus zu kommen. Führungskräfte werden nur ganz selten ermutigt, es ihnen gleichzutun. Auch das Zuhören wird in der Regel als eine weniger tiefgehende Technik geübt.

Generatives Zuhören ist ein wichtiger Baustein, um kreativ von der Zukunft aus zu führen. Wer Zukunft aus der Zukunft heraus gestaltet erlebt keine „Standardzukunft", die geprägt ist von den Erwartungen, Ängsten, Hoffnungen und Prognosen, die auf den vergangenen Erfolgen basieren (Zaffron und Logan 2012).

Effektives, empathisches oder gar generatives Zuhören stellt hohe Ansprüche an die innere Verfasstheit von Führungskräften. Es sind einige Kompetenzen zu beherrschen. Die uralte Weisheitslehre Yoga kann bei dabei sehr unterstützend sein.

Führungskräfte, die gut zuhören können, verfügen in Gesprächssituationen über eine hohe Präsenz und die nötige Qualität von Aufmerksamkeit und Wahrnehmung. Dies geht nicht ohne Verlangsamung. Wir sind mental zu beschäftigt, um anzuhalten und „zu sein", während wir zuhören. Daniel Goleman zitiert in seinem jüngsten Buch *Focus* einen CEO: *„ Mein Gehirn hetzt zu viel…. Wenn Du von den Menschen das Beste willst, musst Du ihnen wirklich zuhören und sie müssen sich gehört fühlen. Deshalb muss ich lernen zu verlangsamen, um mich selbst und die Menschen um mich besser zu machen"* (Goleman 2014, S. 226).

Yoga bietet vielfältige Möglichkeiten zur Verlangsamung. Angefangen bei der tiefen Atmung über (Achtsamkeits-) Meditationen bis hin zu achtsam ausgeführten, synchronisierten Körper- und Atemübungen. Verlangsamung ist eine Voraussetzung für innere Gelassenheit, ohne die eine hohe Qualität des Zuhörens nicht gewährleistet werden kann. Denn emotionale Belastungen des Zuhörers vermindern dessen Aufmerksamkeit. Führungskräfte können lernen, auf körperliche Regeneration zu achten, um ihr allgemeines Gelassenheitsniveau zu erhöhen, und/ oder um situative Gelassenheit herzustellen. Offenes und unvoreingenommenes Zuhören verlangt von Führungskräften schließlich die eigenen Gedanken und mentalen Konstrukte loszulassen. Eine Fertigkeit, die ebenfalls mit Yoga trainiert werden kann. Beobachten Sie sich doch einmal selbst bei einem Gespräch. Sind Sie wirklich offen für das, was Ihnen gesagt wird? Oder versuchen Sie, während Sie zuhören, sich vorzustellen, wie und was Ihr Gegenüber gerade denkt, um darauf so reagieren zu können, damit Ihr Gesprächsziel erreicht wird? Solange wir im Gespräch die Kontrolle behalten wollen und den Schritt in die Unsicherheit, in die Welt des anderen, scheuen, erreichen wir nicht die tiefen Ebenen des Zuhörens.

Schluss 5

Der Blick auf das große Bild macht deutlich: Die uralte Weisheitslehre Yoga ist ein ganzheitlicher, vielversprechender Weg zur Entwicklung eines Repertoires von Führungskompetenzen, das mehr denn je gebraucht wird. Es wäre daher zu wünschen, dass yogische Techniken für die Professionalisierung der Führungskräfteentwicklung systematisch Berücksichtigung finden. Falls Sie neugierig geworden sind und Yoga für sich persönlich erkunden möchten: Nur Mut, wenden Sie sich einfach an ein Yogastudio in Ihrer Nähe. Und freuen Sie sich auf viele neue Erfahrungen mit sich selbst.

© Springer Fachmedien Wiesbaden 2016
M. Schwalbach, *Yoga und Meditation für Führungskräfte,* essentials,
DOI 10.1007/978-3-658-12709-1_5

Was Sie aus diesem Essential mitnehmen können

- Es entwickelt sich ein neues Führungsverständnis.
- Gute Führung braucht ausgereifte Selbstführungs- und Beziehungskompetenzen.
- Yoga gibt uns wirksame Methoden an die Hand zwölf Kompetenzen zu entwickeln, die für gute Führung wichtig sind.
- Die Schlüsselkompetenz ist Selbstwahrnehmung.
- Der traditionelle Yoga integriert Meditation, Achtsamkeit und Körperübungen.

© Springer Fachmedien Wiesbaden 2016

M. Schwalbach, *Yoga und Meditation für Führungskräfte,* essentials,

DOI 10.1007/978-3-658-12709-1

Literatur

Akademie, für Führungskräfte. 2008. Führung beim Wort nehmen. Wie kommunizieren deutsche Manager? *Akademie-Studie.*

Ballreich, et al. 2009. *Stress. Wege zu mehr Lebensqualität.* Esslingen: Gesundheitspflege initiativ.

Bauer, Joachim. 2008. *Prinzip Menschlichkeit. Warum wir von Natur aus kooperieren.* München: Herder.

Baumeister, Roy, und John Tierney. 2012. *Die Macht der Disziplin. Wie wir unseren Willen trainieren können.* Frankfurt a. M.: Campus.

Broad, W. J. 2013. *The Science of Yoga. Was es verspricht – was es kann.* Freiburg: Herder.

Chapman, Gary, und Paul Whitman. 2012. *The five languages of appreciation in the workplace: Empowering organizations by encouraging people.* Birmingham: Northfield.

Corssen, Jens. 2004. *Der Selbstentwickler. Das Corssen Seminar.* Wiesbaden: Verlagshaus Römerweg.

Covey, S. M. R. 2009. *Schnelligkeit durch Vertrauen. Die unterschätzte ökonomiche Macht.* Offenbach: GABAL.

Eidenschink, Klaus. 2013. Mythos Führungsstärke. *Wirtschaft und Weiterbildung,* 3:19–23.

Fehr, Ernst. Wer Fairness Vertrauen und Respekt sät, wird Motivation ernten. www.fehradvice.com.

Feingold-Technologies. www.feingoldtech.net.

Florida, Richard. 2002. *The rise of the creative class.* New York: Basic Books.

Fontana, Bernard. 2014. Der Rat meines Lebens. [Buchverf.] Frank Arnold. *Der beste Rat, den ich je bekam.* München: Carl Hanser.

Forum, Gute Führung. 2014. *Führungskultur im Wandel. Kulturstudie mit 400 Tiefeninterviews.* Berlin: Initiative Neue Qualität der Arbeit.

Fox, Erika Ariel. 2013. *Winning from within. A breakthrough method for leading, living, and lasting change.* New York: Harper Business.

Gigerenzer, Gerd, und Gaismeier Wolfgang. 2012. *Intuition und Führung. Wie gute Entscheidungen entstehen.* Gütersloh: Bertelsmann Stiftung.

Goleman. 2005. *Emotional intelligence. Why it can matter more than IQ.* New York: Bantam International.

Goleman, Daniel. 2005. *Emotional intelligence. Why it can matter more than IQ.* New York: Bantam International.

Goleman, Daniel. 2014. *Focus. The hidden driver of excellence.* London: Bloomsbury.

© Springer Fachmedien Wiesbaden 2016   43
M. Schwalbach, *Yoga und Meditation für Führungskräfte,* essentials,
DOI 10.1007/978-3-658-12709-1

Heidrick & Struggles. 2015. *CEO-Report.*

Holm-Hadulla, R. M. 2010. *Kreativität. Konzept und Lebensstil.* Göttingen: Vandenhoeck & Ruprecht.

Kabat-Zinn, John. 2010. *Im Alltag Ruhe finden. Meditationen für ein gelassenes Leben.* München: Knaur.

Kahneman, Daniel. 2012. *Thinking, fast and slow.* London: Penguin Books.

Kellerman, Barbara. 2012. *The end of leadership.* New York: Harper Business.

Kelley, David, und Tom. 2013. *Kreativität und Selbstvertrauen. Der Schlüssel zu Ihrem Kreativitätsbewusstsein.* Mainz: Verlag Herman Schmidt.

(LEAD), Mercator Capacaty Building Centre for Leadership ans Advocacy. 2013. *Leadership series N° 1.* Berlin: LEAD.

Leder, Angelika. 2012. *Wie Zahlenmenschen ticken. Grenzen, Potenziale.* München: Herder.

Lencioni, Patrick. 2013. *Der Vorteil. Warum nur viatle und robuste Unternehmen in Führung gehen.* Weinheim: Wiley.

Maas, Peter. 2014. *Wirtschaftswoche.*

Malik, Fredmund. 2014. *Wenn Grenzen keine sind. Management und Bergsteigen.* Frankfurt a. M.: Campus Verlag.

Mc Dermot, Bill. 2014. *Winners dream.* New York: Harpers Business.

MorningStar. 2015. www.self-managementinstitute.org.

Ott, Ulrich. 2013. *Yoga für Skeptiker. Ein Neurowissenschaftler erklärt die uralte Weisheitslehre.* München: O.W. Barth.

Patañjali. 2007. *Die Wurzeln des Yoga. Die klassischen Lehrsprüche des Patañjali mit einem Kommentar von P. Y. Deshpande. Mit einer Übersetzung von Bettina Bäumer.* Bern: O.W. Barth.

Pörksen, Bernard. 2014. Führung braucht kein Befindlichkeitsgelaber. *FAZ* 8/9:C2.

Riordan, C. M. 2014. Three ways leaders can listen with more empathy. *Harvard Business Review.* vom 16. Januar 2014. https://hbr.org/2014/01/three-ways-leaders-can-listen-with-more-empathy. Zugegriffen: 04. Jan. 2016.

Roth, Gerhard. 2014. Wie entscheiden wir am besten? (Hrsg.) Stifterverband für die Deutsche Wirtschaft. *Wirtschaft und Wissenschaft,* 3:42–45.

Scharmer, O. C. 2014. *Theorie U: Von der Zukunft her führen. Presencing als soziale Technik.* Heidelberg: Carl Auer.

Schwartz, Tony. 2010. *The way we are working isn't working. The four forgotten needs that energize great performance.* New York: Free Press.

Schwenker, Burkhard. 2013. Über gute Führung. *Huffington Post,* 9. Oktober.

Secretan, Lance. 2001. *Inspieren statt motivieren! Mit Leidenschaft zum Erfolg – so leben und führen Sie besser.* Bielefeld: K. Kamphausen Verlag.

Singer, Tania. www.resource-project.org.

Singer, Tania, und O. M. Klimecki. 2014. Empathy and compassion. *Current Biology* 24 (18) Special Issue:R875–R876.

Sprenger, R. K. 2006. Mit Lob bringt man die Freiheit um. *Personalführung.*

Tan, Chade-Meng. 2013. *Serach inside yourself. The unexpected path to achieving success, happiness (and world peace).* New York: HarperCollins.

Techniker-Krankenkasse. 2013. *Bewegungsstudie „Beweg Dich, Deutschland!".*

Trökes, Anna, und Bettina Knothe. 2010. *Yoga Gehirn. Wie und warum Yoga auf unser Bewusstsein wirkt.* München: O.W. Barth.

Zaffron, Steve, und Dave Logan. 2012. *Drei Schritte voraus.* Weinheim: Wiley.

Zeuch, Andreas. 2010. *Feel it! Soviel Intuition verträgt Ihr Unternehmen.* Weinheim: Wiley.